GLOSARIO
NAUTICO

Con
- Alfabeto morse
- Código Internacional y
- Vocabulario Inglés

© Raúl Bondoni Arana.
I.S.B.N. 950-43-8516-8
Hecho el depósito que dispone la ley 11.723
Impreso en Argentina.
Prohibida su reproducción total o parcial por cualquier medio sin autorización del autor.

PROLOGO DEL AUTOR

Si esta pequeña obra fuese un libro, tal vez necesitara de un prólogo para presentarlo o explicarlo (como dice el Pequeño Larousse Ilustrado sobre el tema). Como creo que llamarlo libro está fuera de lo razonable, no queda otra alternativa que reconocer que estas líneas son un NO PROLOGO.

Esto es solo la versión ordenada y ampliada de los apuntes confeccionados para orientar a un grupo de jóvenes, que se reunían para aprender a navegar, en la comprensión de la jerga náutica. A ellos se agregaron traducciones de palabras y expresiones que se encuentran en ediciones de origen norteamericano o británico y unos apéndices temáticos en idioma inglés, oportunos para la lectura de revistas náuticas en ese idioma.

Quiero expresar que mucho se debe aquí a la Armada Argentina por sus prolijos manuales de marinería; al *Manual de Conocimientos Marineros* de la Prefectura Naval, inspirado sin duda en aquellos; a Horacio H. Jacobí Olazábal por su *Diccionario Náutico* que es puntal en todo curso náutico; a los compiladores de esa monumental obra, la *Enciclopedia del Mar* que es fuente de claridad cuando los conceptos náuticos se oscurecen; al Capitán de Navío Juan C. Sidders por su *Veleros del Plata*; a Donald M. Street por *The Ocean Sailing* Yacht; a Hervey Garret Smith por *The Small Boat Sailor's Bible*, a Erbert S. Maloney por su versión del famoso *Chapman Piloting*, a las revistas *Sail, Yachting World y Cruising World* y otros autores de artículos periodísticos cuya lista sería interminable.

Sería injusto olvidar el trabajo de captación de los textos originales, en archivo magnético, prolijamente realizada por Agustina San Germán con ayuda de su dominio del idioma inglés. A ella mi reconocimiento y cariño.

Raúl F. Bondoni Arana

NOTAS Y EXPLICACIONES AL USO DEL GLOSARIO

Los términos náuticos están ordenados alfabéticamente, tanto en la parte española como en la inglesa.

Los Apéndices han sido numerados arbitrariamente.

Mientras que en español se explica el significado de los términos como lo hace cualquier diccionario, en inglés se ha preferido indicar la traducción (cuando ello es posible) empleando palabras de la jerga náutica, lo que requiere cierto grado de iniciación en el tema, en su defecto se ha procedido a explicarlo como en el caso de la parte española. Al adoptar este criterio se ha pensado que aquellos que emprenden la lectura de textos náuticos en idioma inglés tienen conocimientos de la nomenclatura empleada por los navegantes, en su propio idioma: el español.

En la parte española, los grupos de palabras que empiezan con una misma letra, están encabezados (en tipo destacado) por el nombre que internacionalmente se da a esa letra al nombrarla en comunicaciones radiotelefónicas; a continuación y separado por dos puntos aparece el signo del alfabeto Morse integrado por rayas y puntos, y renglón abajo, en cursiva, el significado que asigna el Código Internacional de Señales a esa letra (Señales de una letra o bandera), lo que permite comprender las señales urgentes y de emergencia del citado Código.

DEDICATORIA

A JUAN JOSE GISMONDI

a quien el canto de las sirenas llevó a

pulir, serruchar y poner tornillos

incansablemente abordo de su "Pilgrim II".

y quien, si no hubiera escuchado el canto

de las sirenas merecería igual este recuerdo,

por haberme distinguido con su amistad.

ALFA: . -

Tengo buzo sumergido; manténgase bien alejado de mí y a poca velocidad.

Si por encima del ROJO, el VERDE se deja ver,
Sigue atento, ojo avizor. Débese el otro mover.
(R.I.P.P.C.M.)

A BABOR ROJO Y CLARO!: voz del serviola encargado de las luces de costado, al finalizar la ronda de la banda de babor.

ABACA: especie de plátano filipino, cuyas fibras resistentes a la humedad se emplean en la construcción de cabos.

ABANDERAR: matricular un buque bajo la bandera de un estado.

ABARLOAR: ubicar paralelamente dos buques y amarrarlos con barloas.

ABATIR: (1) desviarse la derrota un determinado ángulo con respecto a la línea de crujía, por efecto de la marejada y el viento; (2) colocar en posición de trinca u horizontal una percha, desde su posición de trabajo.

A BESAR: cuando dos objetos se tocan sin luz entre ellos.

ABORDAJE: (1) choque o encuentro de dos buques o embarcaciones. (2) (de una playa) desembarcar por medio de bote en una playa.

ABOZAR: amarrar o fijar con bozas.

ACABADO: (de la tela) firmeza de la tela que se obtiene después del tejido.

ACAECIMIENTOS: título de las páginas del Libro de Bitácora donde se reseñan las incidencias y particularidades de la navegación.

ACLARAR: (1) poner prolijo y sin vueltas un aparejo o cabo; (2) despejar la niebla o nubes.

ACODERAR: variar el ángulo de presentación a la corriente, mediante una codera (dada normalmente a la cadena del ancla).

ACUARTELAR: cazar una vela por barlovento.

ACHICADOR: elemento para extraer líquidos de la sentina.

ACHICAR: extraer líquidos de tanques o sentinas mediante bombas o achicadores.

ADRIZAR: poner vertical, quitar la escora.

ADUJA: cada una de las vueltas de un cable o cabo.

ADUJAR: (1) armar un rollo de cabo o cable mediante adujas; (2) a la holandesa, etc.: prolijar el chicote de un cabo sobre la cubierta en forma de caracol, ocho o vaivén (se usa normalmente en puerto durante visitas o inspecciones).

A ESTRIBOR VERDE Y CLARO!: ver a babor rojo y claro.

AFERRAR: (1) plegar las velas contra los palos o vergas por medio de tomadores; (2) por extensión se aplica a toldos, coys, etc. cuando se los arrolla para estibarlos.

AGALERAR: inclinar los toldos cobrando alternadamente los matafiones para que no retengan el agua de lluvia.

AGUANTA!: voz para frenar la salida de un cabo, cable o cadena.

A LA PENDURA: llevar el ancla colgando, lista a fondear.

A LA RONZA: navegar de costado o con mucho abatimiento.

ALEFRIZ: ranura en la quilla para alojar la traca de aparadura.

ALETA: dirección intermedia entre la popa y el través.

ALIJAR: quitar carga a un barco.

ALMA: cordón o filástica que corre por el eje de un cable o cabo como centro del colchado.

ALUNAMIENTO: curva de la relinga libre de una vela, que se extiende por fuera de la recta que une los puños.

AMANTE: cabo o cable fijo a una verga o pluma para aguantar grandes esfuerzos verticales.

AMANTILLO: cabo o cable fijado al penol de una percha que permite regular el ángulo de inclinación de la misma.

AMARRA: cabo o cable para afirmar el buque a un muelle.

AMOLLAR: arriar un cabo.(Tiramollar: estirar un aparejo).

AMURA: (1) dirección intermedia entre la proa y el través; (2) cabos o cables fijados en los puños inferiores de las velas cuya finalidad es llevarlos hacia proa y afirmarlos.

AMURADO A BABOR (ESTRIBOR): barco que navega recibiendo el viento por esa banda; en popa cerrada se define por la banda opuesta a donde lleva la botavara.

ANCLA: elemento usado para fijar el buque al fondo. Las hay con y sin cepo y dentro de estos grupos, de diferentes tipos. Partes: caña, cepo, cruz, uñas, brazos, arganeo, mapas. Características: de servicio y de respeto (repuesto).

ANCLAS (Tipo): Almirantazgo (con cepo a noventa grados de los brazos); **Danforth** (caña articulada en la cruz, donde el cepo y los brazos son una sola barra en la que nacen grandes mapas reforzados, su ángulo de presa es muy crítico); **Hall** (de tragadero, uso normal en grandes buques); **Arado** (conocida como C.Q.R. por ser esta la marca mas prestigiosa en ese tipo); **Bruce** (sin articulación, con mapas curvos y caña en L).

ANEMOMETRO: aparato que mide la velocidad del viento.

ANGUILERA: calzo para sacar un barco a tierra y maniobrarlo en seco.

ANGULO DEL BORDE DE ATAQUE: ángulo entre la tangente al borde de ataque de una vela y su cuerda, expresado en grados.

ANGULO DE PRESA: ángulo formado por las uñas o mapas y la caña del ancla.

APARADURA: unión entre la primera traca del forro y la quilla.

APAREJO: (1) conjunto de palos y velas que caracterizan a una embarcación; (2) sistema de poleas y cabos para cambiar la dirección de una fuerza o multiplicarla (tecle, lanteón, palanquín, combés y real).

APAREJO AL TOPE: un barco que iza su genoa hasta el tope del mástil.

APAREJO FRACCIONADO: un barco con velas de proa que no izan hasta el tope del mástil, por estar arraigado el estay a los 3/4, 7/8, etc. del mismo.

APAREJOS: (nomenclatura) Tecle: motón fijo; no multiplica la fuerza pero permite cambiar su dirección. Lanteón: cabo fijo, motón móvil, duplica la fuerza. Palanquín: dos motones; con el arraigado en el motón fijo duplica la fuerza, con el arraigado en el motón móvil la triplica. Combés: un cuadernal de dos ojos y un motón con el arraigado de la beta en su manzanillo, con el motón móvil triplica la fuerza, con el cuadernal móvil la cuadriplica. Real: dos cuadernales de dos o más ojos, con el arraigado en el fijo multiplica la fuerza por el número de guarnes, en el móvil por el número de guarnes más uno. Diferencial: para el manejo de grandes peso, emplea cadena que engrana en las poleas.

9

APUNTAR: pinchar, navegar en ceñida al menor ángulo y consecuentemente a menor velocidad.

ARBOLADURA: conjunto de palos y perchas de una embarcación.

ARDIENTE: dícese del velero que tiene tendencia a orzar.

ARGANEO: cáncamo u ojo en el extremo de la caña del ancla, donde se entalinga el cabo o cadena de la línea de fondeo.

ARQUEO: capacidad del buque, medida según determinada regla.

ARRAIGADO (firme): el extremo de un cabo que se ha hecho firme. Al opuesto se le llama chicote.

ARRANCADA: velocidad o inercia del barco durante la maniobra.

ARRECIFE: bajofondo de piedra o coral.

ARRIAR: bajar las velas, banderas o gallardetes.

ARRIBADA FORZOSA: tomar un puerto o fondeadero como única alternativa (en los tiempos de la vela se debía generalmente a la dirección del viento con respecto al arrumbamiento de la costa; por extensión, debido a problemas mecánicos, logísticos o de salud de tripulación o pasaje).

ARRIBAR: caer un buque a sotavento.

ARRUFO: curvatura de la cubierta que levanta la proa o popa más que el centro. Opuesto de *quebranto*.

ARRUMBAMIENTO: dirección de una costa, de la navegación o entre objetos, sin mayor exactitud.

AS DE GUIA: nudo marinero.

ASTA: percha vertical en popa para izar el pabellón.

AVERIA: daño recibido por el buque o alguna de sus partes.

AZIMUT: ángulo entre la dirección a un objeto y el meridiano.

AZOCAR: ajustar un nudo.

B

BRAVO: - ...

Estoy cargando, o descargando, o transportando mercancías peligrosas.

> Un trueno no repetido, nunca BUEN TIEMPO ha traído.

BABOR: lado izquierdo de una embarcación, mirando hacia la proa.

BAJIO: banco de arena o fondo duro que constituye peligro para la navegación.

BALANDRA: velero de dos mástiles, trinquete cruzado y mayor latina con gavias cruzadas (Países Bajos).

BALCON: armazón de madera o metálica que cierra la toldilla a manera de barandilla.

BALIZA: señal marítima, ciega o luminosa, fija a la costa o lecho.

BALIZAR: señalar una entrada o paso mediante boyas o balizas.

BALUMA: relinga popel de una vela cangreja, cuchilla o triangular.

BALLENERA: embarcación doble proa, construcción ligera, generalmente a tingladillo, capaz de navegar a vela o remo.

BALLESTRINQUE: nudo marinero.

BANCADA: tabla usada como asiento.

BANDA: (1) costado del buque; (2) largar en banda: dejar ir libremente un cabo con el que se está maniobrando.

BAÑERA: (inglés: cockpit) lugar donde se ubican los tripulantes para maniobrar el timón y la jarcia de labor, generalmente ubicado a popa del yate.

BAO: madero o perfil que corre de banda a banda y sirve para soportar las cubiertas.

BARAJAR: navegar paralelo y cerca de la costa.

BARBAS DE GATO: fondeo con dos anclas, una por cada banda.

BARBERHAUL(ER): escota corta usada en las velas de proa para cambiar el ángulo de cazado de la vela mientras está trabajando o para cambiar el punto cuando no se cuenta con riel.

B

BARBIQUEJO: cable o varilla entre roda y extremo del bauprés, que soporta el esfuerzo del estay proel.

BARBOTIN: corona giratoria donde engrana la cadena del ancla para ser levada (o fondeada en las de gran dimensión).

BARCA: velero de tres palos, trinquete y mayor cruzados y mesana con cangreja y escandalosa.

BARLOVENTEAR: adoptar un aire de navegación que haga ganar el mayor barlovento al velero.

BARLOVENTO: dirección desde donde sopla el viento.

BAROGRAFO: barómetro aneroide dotado de un sistema de relojería que permite rotar una hoja reticulada (normalmente de alcance semanal), en la que se graba en forma continua la presión atmosférica.

BAROMETRO ANEROIDE: cápsula sensible a las variaciones de presión, cuya deformación se trasmite a una aguja que rota sobre un cuadrante graduado en pulgadas, milímetros o milibares.

BAROMETRO MARINO: barómetro a columna de mercurio, similar al de Fortín, con algunas modificaciones que facilitan su uso y lo hacen menos vulnerable al movimiento del buque.

BARRA: banco transversal al eje de un río o canal, ubicado en su desembocadura.

BASTARDA: vela mayor latina.

BATANGA: tronco o pieza de madera paralela al casco de una piragua, que se afirma a este por medio de un par de perchas y le brinda estabilidad en la navegación a la vela. Una batanga simple debe ir a barlovento, lo que implica el cambio de proa en cada virada de bordo.

BATICULO: (1) vela mesana pequeña; (2) cabo grueso empledo en la maniobra de guindar un mastelero como respeto del virador, para impedir que el palo venga abajo en caso de falla de aquel.

BATTENS: (ver sables) listones flexibles de madera o plástico destinados a armar la baluma para evitar su flameo. Se emplea dureza creciente con la fuerza del viento.

BAUPRES: palo que proyecta dsde la proa en dirección levemente ascendente, donde arraigan los estays de proa.

BEAUFORT: (escala) tabla de especificaciones cualitativas que relaciona la fuerza del viento y el estado del mar. Las versiones modernas se complementan con datos cuantitativos para esas magnitudes.

B

BERGANTIN: velero arbolado con bauprés, trinquete con (cuadras) y mayor (con cangreja y cuadras); cuando lleva vela mayor redonda se lo denomina bergantín redondo. Se llama bergatín hermafrodita cuando el palo mayor no lleva cuadras y la cangreja va coronda por una escandalosa.

BERMUDA: aparejo con mayores triangulares (sin pico).

BETA: cabo de labor de un aparejo. La parte de la beta que se afirma al manzanillo se llama arraigado; las que corren entre motón y motón, guarnes; por fuera del aparejo, donde se aplica el esfuerzo, se llama tira.

BICHERO: asta ligera dotada de un gancho en un extremo, útil para pescar elementos en el agua o amarrar los botes.

BITA: (fraile) pieza metálica o de madera usada para afirmar cabos, cables o cadenas en maniobras de amarre o fondeo.

BITACORA: montaje del compás, dotado de adecuada suspensión y alojamiento para los correctores.

BOCINA: tubo metálico muy sólido por donde el eje de la hélice atraviesa el casco.

BOGAR: remar.

BOLARDO: (bita) pieza de metal, colocada en el borde de los muelles para afirmar las amarras y estachas.

BOLEO: curvatura transversal de una cubierta.

BOLINA: ceñida.

BOMBILLO: farol de mecha con vídrio en forma de globo.

BORNEAR: pivotear sobre el ancla, estando fondeado.

BOTALON: percha para alargar una verga o el bauprés.

BOTAVARA: palo o percha vinculado al mástil, que sale hacia popa para afirmar el pujamen de algunas velas.

BOTAZO: (embono) refuerzo longitudinal de madera que corre por el costado a manera de defensa del casco.

BOYA: señal marítima flotante, amarrada al fondo. (ver IALA).

BOYARIN: flotante orincado a un ancla u otro objeto sumergido, al que señala.

BOZA: (1) cabo o tiro de cable o cadena, hecho firme en cubierta o costado como auxiliar de maniobra; (2) en las embarcaciones menores, el cabo de amarra de proa.

BRACEAR: girar horizontalmente las vergas para presentar al viento.

B

BRAZA: (1) medida equivalente a 1,83 metros; (2) aparejo para ajustar los penoles de las vergas hacia proa o popa.

BRAZOLA: reborde de las aberturas en cubierta, a modo de marco y refuerzo.

BRICBARCA: denominación para cierto tipo de corbetas.

BRIOL: aparejo para cargar las velas cuadras.

BUEN TIEMPO (Bonancible): dícese de la situación meteorológica donde los vientos son suaves, el cielo despejado y el barómetro alto.

BURDA: cables de refuerzo de los mástiles, que bajan hacia popa de los obenques y se afirman al costado en forma fija o por medio de aparejos, en cuyo caso se llaman volantes.

BUZARDA: escuadra horizontal para refuerzo entre los costados, especialmente en la proa.

C CHARLIE: -.-.
Sí (afirmativo)

*Si a estribor ves colorado debes con cuidado obrar,
Cae a uno u otro lado, para o manda CIAR.*

(R.I.P.P.C.M.)

CABECEAR: subir y bajar la proa por efecto de la marejada.

CABEZA: ver hacer cabeza.

CABLE: (1) colchado o trenzado de hilos metálicos; (2) décima parte de una milla marina (185,2 metros).

CABLES: (de uso en yates) *rígido* (1x19) colchado de 19 alambres que a igualdad de mena es el más resistente. *Semiflexible* (7x7) colchado de siete cordones de siete alambres; hasta los dos y medio milímetros de diámetro es levemente más resistente que el flexible y luego menos. *Flexible* (7x19) colchado de siete cordones de diecinueve alambres.

CABO: colchado o trenzado de hilos vegetales o sintéticos.

CABOS: (de uso en yates) en forma casi excluyente los sintéticos de nylon, perlón, dacrón, kevlar, technora, spectra o fibras más modernas. Cada material presenta capacidades y limitaciones en cuanto a su alargamiento bajo tensión, desgaste al roce y flexibilidad para doblarlo. Predominan los trenzados y doble trenzados, pero hay usos que favorecen los retorcidos por la facilidad para ejecutar costuras en ellos.

CABOTAJE: navegación de cabos adentro.

CABRESTANTE: guinche para maniobra de cabos y cadenas de ancla. Los hay de eje horizontal y vertical.

CABUYERIA: nombre genérico de los cabos, cables y cadenas empleados en la jarcia y en la maniobra.

CADENA: conjunto de eslabones enlazados pra soportar esfuerzos de tracción (Partes: millete y contrete).

C

CADENAS: (de uso en yates) se construyen en acero, soldadas y casi siempre carecen de contrete. A mayor calidad y resistencia del acero, los costos son mayores. Una variedad con eslabones cortos (llamada BBB) facilita el engrane en barbotines de poco diámetro y evita las cocas; la hay con iguales dimensiones pero mejor resistencia (es la llamada "HIGH TEST"), finalmente están las cadenas comunes, de eslabones mas largos y menor resistencia (llamadas "PROOF COIL").

CADENOTES: landas en los barcos antiguos.

CAIDA: (1) la inclinación del mástil en sentido proa-popa; (2) relingas de las velas que corren de arriba hacia abajo; (3) cambio de rumbo.

CAJERA: abertura donde aloja una polea.

CAJONADA: espacio prismático para guardar elementos, provisto de tapa.

CALABROTE: cabo formado por tres o cuatro cabos retorcidos en sentido inverso al del calabrote. El nombre no tiene relación con el diámetro o mena del cabo. (ver guindaleza).

CALADO: distancia vertical entre la línea de flotación y el canto de la quilla. Calado a proa, calado a popa, calado medio.

CALAFATEO: relleno e impermeabilización de las juntas entre tracas del forro.

CALETA: bahía pequeña, apta para resguardarse o fondear.

CALIMA: aspecto lechoso de la atmósfera, con la visibilidad disminuída por partículas en suspensión.

CAMARA: comedor y lugar de estar.

CAMARETA: cámara pequeña que sirve de alojamiento y comedor.

CAMINO: (1) velocidad de la embarcación; (2) dar camino: llevar las escotas levemente filadas durante la ceñida para alcanzar más velocidad o dejar arribar el barco después de una virada para que tome arrancada.

CANALETA: el yate está en la canaleta cuando logra la combinación óptima del ajuste de velas, velocidad del barco y capacidad de navegar muy cerca de la dirección del viento.

CANALETE: remo.

CANCAMO: argolla fija a la obra muerta o arboladura para fines de maniobra.

CANDALIZA: (1) aparejo afirmado al mástil para maniobrar embarcaciones menores; (2) cargadera.

C

CANDELERO: soporte vertical, generalmente tubular, para afirmar nervios de cable o cabo para toldos, guarda mancebos, etc.

CANGREJA: vela de forma trapezoidal que se caza entre mástil, botavara y pico.

CAÑA: trozo recto y corto de hierro, madera o cable. (Caña del ancla, caña del timón, caña de un amante de pluma).

CAPEAR: aguantar un temporal, recibiendo el mar por la amura con mínima velocidad.

CARDINAL: cada uno de los rumbos coincidentes con un punto cardinal (N-E-S-W).

CAPEROL: herraje de la parte superior de la roda.

CARABELA: (1) velero del siglo XV, de popa alta, con aparejo de velas cuadras. Posteriormente llevaron algunas velas latinas. (2) Forrado a carabela, suele decirse de los cascos con forro de tracas yuxtapuestas, calafateadas.

CARENA: (obra viva) parte sumergida del casco.

CARGADERA: cabo que sirve para cargar una vela.

CARGAR: recoger las velas para que no porten, llevando el puño de driza al de amura. Cargar por alto: en los grandes veleros cuando las cuadras están cargadas pendiendo de la verga, pero no aferradas, sea porque se cazarán en breve o porque el viento no permite subir a los gavieros.

CARLINGA: hueco en la sobre quilla para alojar la mecha del mástil. Las carlingas modernas permiten el desplazamiento de la mecha hacia proa y popa para regular la caída del mástil.

CARONTE: personaje mitológico, hijo de Herebus y Nox, que con su barca cruzaba las almas hacia Hades, por el río Stix, cobrando alguna moneda por sus servicios. De allí deriva la costumbre de colocar monedas en la carlinga para que en caso de naufragio las almas de los tripulantes puedan pagar su tránsito a la eternidad.

CARROZA: estructura elevada sobre la cubierta que cierra la camareta de una embarcación.

CARTA: representación plana de la superficie casi esférica de la Tierra, que facilita el estudio o resolución de problemas vinculados con la navegación. Cartas *Mercator*, cartas *gnomónicas*, *Pilot Charts*, cartas *magnéticas*.

CASCO: armazón y forro de un buque con las cubiertas; no comprende la superestructura ni el aparejo.

C

CATALINA: motón metálico.

CATALIZADOR: componente que se agrega a las resinas para que solidifiquen.

CATALOGO DE CARTAS: publicación H 223 del Servicio de Hidrografía Naval. Indispensable para le selección de cartas y publicaciones para la navegación en nuestro litoral.

CATAVIENTO: veleta o manga para indicar la dirección del viento.

CATENARIA: (1) curva que adopta un cable o cadena de peso uniforme suspendida entre dos puntos con alturas iguales; (2) por extensión y sin rigor físico, la curva que adopta la cadena del ancla entre el fondo y el escobén.

CAZADORAS: luces adosadas a los palos o crucetas para iluminar la zona de maniobra desde arriba, sin encandilar al timonel.

CAZAR: halar un cabo para ajustarlo. Cobrar las escotas para que las velas porten.

CAZONETE: botón o barra de madera para abrochar o enlazar una gaza u ojal.

CELAJES: nubes tenues o levemente coloridas.

CENEFA: lona que complementa a los toldos para evitar el sol o la lluvia.

CENTRO DE ESFUERZO: (centro vélico) centro del plano vélico donde trabaja la fuerza resultante de la suma de las fuerzas de cada una de las velas izadas. Se desplaza en sentido horizontal y vertical, según sea la configuración del velamen.

CENTRO DE RESISTENCIA: centro de la proyección, sobre el plano de crujía, de la superficie sumergida del casco del velero.

CEÑIR: navegar con la proa cercana a la dirección del viento.

CEPO: pieza del ancla que cruza la caña, para que las uñas presenten y hagan presa.

CIAR: dar atrás con los remos (por extensión, dar máquina atrás).

COBRAR: halar de un cabo, cable o cadena.

COCKPIT: bañera. Cavidad prismática en la cubierta para alojar al timonel y tripulantes durante la navegación.

CODASTE: pieza popel que levanta como terminación de la quilla.

CODERA: cabo hecho firme para amarrar la popa. Dar codera: acoderar.

CODIGO: (Internacional de Señales) clave para comunicar frases o palabras con el

C

sólo empleo de hasta cuatro letras del alfabeto, evitando así la barrera idiomática. Este glosario presenta las señales de una letra, que son las de empleo más urgente.

COLATERAL: cada uno de los rumbos intermedios entre un cardinal y un intercardinal (NNE - ENE - ESE - SSE - SSW - WSW - WNW - NNW).

COMPAS: (1) instrumento basado en la aguja magnética o en la medición del flujo magnético por medio de bobinas, usado en la náutica para la determinación de direcciones; (2) instrumento de dibujo para medir distancias en la carta o trazar círculos.

COMPASES: magnético, seco o líquido según sea el medio en que se encuentra la rosa. De flujo magnético, la aguja ha sido reemplazada por circuitos electrónicos que determinan la dirección del campo magnético y la presentan por lectura digital. Girocompases, no usan el magnetismo terrestre sino un giróscopo que emplea la rotación del planeta para orientarse, indicando las direcciones.

COMPENSAR: aplicar correctores al compás con el fin de hacer mínimos sus desvíos.

CONSERVA: hacerse compañía, dos o mas embarcaciones, para navegar.

CONTRAESCOTA: cabo o aparejo que impide el desplazamiento de la botavara hacia popa, navegando en francos, evitando trasluchar involuntariamente.

CONTRETE: travesaño en el eslabón de la cadena para aumentar su resistencia e impedir la deformación en sentido del alargamiento. Se emplea solamente en cadenas para grandes resistencias.

COPERNICO: (1473-1543) religioso y médico polaco dedicado a la astronomía. Fundador de la teoría que ubica al sol como centro del sistema planetario.

CORBETA: bergatín redondo de grandes dimensiones, dotado de palo mesana donde larga cangreja.

CORDEL: sólo se emplea este nombre en los cabos de corredera y sonda.

CORDONES: grupo de filásticas que colchados forman un cabo.

CORNAMUSA: pieza de metal o madera, fija a cualquier superficie, que se utiliza para tomar vueltas a los cabos.

CORONA DE BARBOTIN: rueda del cabrestante que presenta un rebaje periférico con forma adecuada para engranar la cadena. posee un mecanismo que permite su li-

C

bre giro para la maniobra de fondear y su vinculación al eje del cabrestante para el izado.

CORREDERA: instrumento que mide la distancia recorrida por la embarcación (puede incluir un velocímetro).

CORRER: aguantar un temporal recibiendo al mar por la popa.

CORRIENTE: movimiento de las aguas en una dirección definida (constante o variable).

CORTANTE DEL VIENTO: el incremento de la intensidad del viento desde la cubierta hasta el tope del mástil, resultante de la fricción del aire con el agua.

COSTURA: (1) unión de las tracas; (2) unión de los paños de una vela; (3) unión de dos extremos de cabo o cable.

COTE: nudo marinero elemental.

CRESTA: parte superior de la ola.

CRUCETA: pieza metálica o de madera, apoyada en los mástiles, que descompone el esfuerzo de los obenques para dar fuerza y rigidez al palo.

CRUJIA: plano de simetría vertical, que corre de proa a popa dividiendo en dos a la embarcación.

CRUZ: (1) en el ancla, unión de los brazos con la caña; (2) punto medio de las vergas.

CRUZADO: aparejo con vergas, dotado de velas cuadras.

CUADERNA: pieza de madera o perfil metálico transversal a la quilla sobre la que se extiende el forro del casco. (ver varetas).

CUADERNAL: motón de dos o más ojos.

CUADERNO DE BITACORA: (libro de bitacora) constancia oficial (con validez judicial) de los sucesos de la navegación de un buque que comprende la derrota, la meteorología, la configuración del velamen y los acontecimientos notables. Se limita a los períodos entre zarpada y arribada a puerto.

CUADRA: (1) vela de forma aproximadamente rectangular en los aparejos cruzados; (2) dirección perpendicular a crujía.

CUADRANTE: cuarta parte del círculo.

CUARTA: parte de la rosa del compás que resulta de dividir el círculo por treinta y dos. Equivale a once grados y un cuarto.

CUARTEL: tabla o enjaretado que forma un piso o cierra una escotilla.

CUARTERON: representación plana (según la proyección gnomónica horizontal) de una pequeña parte de la superficie terrestre.

CUERDA: la línea recta que une el gratil con la baluma de una vela triangular o las caídas en una vela cuadra.

CUCHETA: cama en la jerga marinera.

CUCHILLA: nombre genérico de las velas triangulares ubicadas a popa del palo de proa, cuyo gratil se afirma a un estay o corre entre cubierta y mástil o entre dos mástiles.

CULEBRA: cabo delgado que pasando por ollaos sirve para afirmar una lona, toldo o vela a un nervio o percha.

CUNNINGHAM: ollao adyacente al gratil, ubicado cerca del puño de amura, por el que laborea un cabo o aparejo que sirve para desplazar la curvatura o bolsa de la vela hacia proa.

CURVA DE GRATIL: curva usada para determinar la profundidad de una vela. Las mayores tienen curva positiva (convexa) en el gratil, lo que provoca profundidad en la vela cuando se establece en un mástil recto. Las genoas tienen curva en forma de ese para compensar la forma del estay de proa.

CHALANA: embarcación auxiliar pequeña, con fondo plano.

CHICOTE: extremo libre de los cables o cabos.

CHINCHORRO: bote auxiliar pequeño.

CHUBASCO: viento fuerte y lluvia que resulta de una formación nubosa baja y con mucha actividad.

CHUBASQUERO/A: lona que proteje las bajadas y tambuchos durante los malos tiempos.

CHUMACERA: rebaje en la regala o falca, reforzado con metal o cuero, donde apoyan los remos y transmite el esfuerzo de los bogadores a la embarcación.

D DELTA: -..

Mantengase apartado de mi; maniobro con dificultad.

> DELFINES que mucho saltan, viento traen y calma espantan.

DACRON: (Terylene en Gran Bretaña) tela sintética usada desde 1952; pesa entre 100 y 600 gramos por metro cuadrado.

DAHABEA: bote grande del Nilo, antiguamente propulsado a vela y actualmente a motor.

DAR CODERA: ver acodear.

DARSENA: lugar de aguas tranquilas en el interior de un puerto, normalmente construída por el hombre.

DECLINACION: (magnética) ángulo entre el meridiano geográfico y el magnético de un lugar.

DEFENSAS: almohadillas que sirven para defender de los golpes al casco de un buque.

DELFINES: mamíferos cetáceos que gustan de la cercanía de los barcos y gozan de la simpatía de los navegantes.

DEMORA: ángulo que forma la dirección de un objeto con la dirección de la proa de la embarcación, contada en grados hacia estribor.

DEPRESION (Meteorología): centro de baja presión atmosférica.

DERECHO DE PASO: prioridad de un barco sobre otro para mantener su rumbo (establecida por el R.P.P.C.M. o las reglas particulares de regata).

DERELICTO: (derrelicto) resto náufrago en superficie o que flota entre dos aguas.

DERIVA: traslado lateral que sufre el buque por efecto de las corrientes. Es erróneo decir derivar por arribar.

DERROTA: ruta prevista para el buque.

DERROTEROS: publicación del Servicio de Hidrografía Naval. Los derroteros describen detalladamente las costas, los puertos y fondeaderos y sus accesos y dan noticias de los peligros en la navegación. Existen derroteros deportivos que cubren las derrotas de los yates exclusivamente.

D

DESAHOGADO: que navega con poca escora y fácil gobierno.

DESARBOLAR: quitar o venirse abajo el mástil de un barco.

DESCOLCHAR: desarmar un cabo retorcido hasta quedar reducido a un conjunto de filásticas o fibras.

DESCUARTELAR: navegar con el viento levemente a popa de la amura.

DESENTALINGAR: quitar el cabo o cadena del ancla.

DESPLAZAMIENTO: peso del volumen de agua desalojado por el barco al flotar.

DESVENTE: flameo en el gratil de mayor causado por la corriente de aire del genoa.

DESVIO: ángulo que forma la dirección norte de la rosa del compás con la dirección del meridiano magnético para cada rumbo adoptado.

DHOW: barco de la India y Arabia que lleva aparejo latino.

DIRECCION: uno de los tres problemas que debe resolver la navegación. La dirección se expresa en forma de ángulos con origen en el norte, sentido de las agujas del reloj y alcance máximo los trescientos sesenta grados.

DISTANCIA: uno de los tres problemas que debe resolver la navegación. La distancia se expresa en millas (1.852,2m.) y eventualmente en cables (1/10 milla).

DRIZA: cabo o cable que sirve para izar una vela, señal o bandera. En los yates modernos las drizas son en parte cable y en parte cabo para disminuir el estiramiento y facilitar la maniobra.

DRIZA DE SAGULA: driza liviana que laborea en la galleta de los mástiles, empleada para izar distintivos o gallardetes.

DURO: barco que escora poco.

ECO: .

Caigo a estribor. Estoy cayendo a estribor.

San Temo en cubierta brilla, pués cierra bien la ESCOTILLA.

ELEVACION: voz por altura de un objeto sobre el nivel del mar.

EMBARRANCAR: varar.

EMPAQUETADURA: material que se coloca entre dos superficies metálicas para hacer estanca la unión.

EMPAVESADO: engalanado.

EMPOPADA: navegar con viento en popa.

ENCALMAR: dejar de soplar el viento.

ENCAPILLAR: colocar una gaza en el extremo de un palo o bita.

ENCEPAR: enredarse la cadena u orinque en los brazos o cepos de un ancla.

ENCONTRADO: (vuelta encontrada) (1) dícese de rumbos opuestos; (2) motón de dos poleas con ejes a noventa grados.

ENFACHAR: poner la proa al viento para detener la arrancada del barco.

ENFILACIÓN: marca hecha con dos balizas cuya alineación coincide con la derrota a seguir.

ENGALANAR: largar las banderas de señales entre proa, tope y popa, durante una celebración.

ENGALGAR: unir a la cruz del ancla el orinque de un anclote para favorecer el agarre.

ENJARETADO: falso piso de listones formando cuadrados.

ENROCADA: dícese del ancla que no leva por estar enganchada en un fondo rocoso.

ENTALINGAR: fijar el cabo o cadena de fondeo al arganeo del ancla por medio de nudo o grillete.

ENTENA: percha a la que se culebrean las velas latinas, al cuarto o al tercio.

ENTRAÑAR: rellenar el espacio entre cordones de un cabo grueso, con un meollar delgado, para después aforrar o falcasear.

E

ENTRAPAR: dar o pasar una trapa. (Normalmente se entrapa el remolque).

ENVERGAR: sujetar las relingas de las velas a un palo o percha.

ESCALA: voz náutica por escalera. Escala de gato, real, de tojinos, etc.

ESCANDALLO: peso que hace hundir la sonda a mano.

ESCANDALOSA: vela triangular o trapezoidal que se larga por encima de la cangreja.

ESCARBA O ESCORBA: idem alefriz.

ESCARCEO: movimiento de la superficie del mar, provocado por ciertas condiciones de la profundidad y las corrientes de marea, a veces suficientemente violento para hacer zozobrar una embarcación.

ESCLUSA: (1) válvula que cierra los orificios (pasacascos) en el casco de un yate. (2) compuerta que cierra el pasaje del agua en puertos o cursos de agua con grandes diferencias de nivel.

ESCOBEN: orificio reforzado en el costado para el pasaje de los cabos o cadenas de ancla. Cuando se usan anclas de tragadero el escobén permite alojar la caña y calzar el ancla.

ESCOLLERA: murallón para protección contra olas y corrientes en los accesos de los puertos.

ESCORA: inclinación lateral del barco con respecto a la vertical.

ESCOTA: cabo con el que se cazan las velas para que porten.

ESCOTILLA: pasaje de acceso a través de una cubierta.

ESFEROSCOPIO: identificador de estrellas. Se basa en la superposición del cielo visible para la posición del observador y el trozo de esfera celeste por sobre su horizonte correspondiente a esa hora celeste.

ESLABON: cada uno de los anillos de una cadena, compuesto por el mallete y el contrete. En las cadenas para poco esfuerzo suele faltar el contrete.

ESLORA: (1) longitud del barco. Eslora total, en flotación, entre perpendiculares; (2) refuerzo longitudinal bajo la cubierta, tendido entre los baos.

ESPADILLA: remo grande ubicado en el coronamiento de popa, que reemplaza al timón.

ESPALLAGADOR: anillo o tubo corto unido a un cabo, que se pasa por el chicote de un cabo o cadena de un ancla enrocada para zafarla.

E

ESPIA: cabo dado a tierra para ejecutar una maniobra del buque.

ESPICHE: orificio, provisto de tapón, en el casco de las embarcaciones menores para desagotarlas una vez izadas.

ESPINETA: (corte en) vela cuyos paños corren perpendiculares a la baluma y pujamen, unidos por una costura en la bisectriz del puño de escota.

ESTANCO: que no permite el paso del agua.

ESTAY: cable que forma parte de la jarcia firme, corre desde proa y popa a los palos, soportando los esfuerzos longitudinales.

ESTAY DE (seguido del nombre de la verga donde laborea su driza): cada una de las cuchillas largadas entre los mástiles de un aparejo cruzado.

ESTAY DE VIOLIN: se apoya en su parte media en un parante perpendicular al palo para formar la martingala (en aparejos fraccionados).

ESTELA: señal que deja el buque hacia popa al desplazarse en el agua.

ESTIBAR: guardar ordenadamente los materiales en pañoles o bodegas. La estiba sobre cubierta se llama troja.

ESTIMA: método para determinar la posición, basado en el rumbo y la distancia navegados.

ESTIRAMIENTO DE LA TELA: alargamiento temporario o permanente de las telas bajo carga. Se mide en tres direcciones: trama, urdimbre y bies.

ESTOA: período en que la marea permanece estacionaria, antes de comenzar a crecer o bajar.

ESTOPOR: mecanismo para trabar la cadena del ancla mientras se permanece fondeado.

ESTRELLAS: son los astros más numerosos que cubren el cielo, se caracterizan por la nulidad de su diámetro aparente y por la relativa fijeza de su posición. Son en realidad soles con luz propia. Las utilizadas en náutica no pasan de cien.

ESTRIBOR: lado derecho de una embarcación mirando hacia proa.

ESTROPADA: arrancada o inercia del buque.

F   FOXTROT: . . -.

Tengo avería; póngase en comunicación conmigo.

> Cielo jaspeado, viento FRESCO agarrado.

FACHEAR: poner proa al viento para detener la arrancada. Enfachar.

FALCA: tabla corrida de proa a popa sobre la borda, para que no se embarque agua.

FALCASEAR: liar el extremo de un cabo para que no se descolche.

FALUCHO: velero auxiliar antiguo, de casco largo y fino para dar velocidad, llevaba mayor con entena, foque y mesana.

FARALLON: isla o roca aislada que sobresale del mar.

FARO: señal marítima constituída por una torre provista de luz en lugar prominente de la costa.

FELUCCA: barco de las costas mediterráneas, pequeño y poco mangudo aparejado con dos o tres velas latinas y remos.

FIJACION: terminación de un cable que permite vincularlo a otro elemento de maniobra. Gaza cosida, provista o no de guardacabo (la costura provoca una pérdida de resistencia de alrededor del 30%). Nicoprés (abrazadera de cuproníquel, que se deforma por presión para cerrarla). Norseman (pieza perforada que aloja un cono de ajuste; empleada solamente con cables rígidos). Socket (pieza con orificio cónico que aloja la punta descolchada del cable, rellenada con zinc fluido). Truloc (pieza de acero inoxidable que se fija por prensado).

FIL: en dirección de; (a fil de roda).

FILAR: arriar un cabo, cable o cadena, manteniendo control de la velocidad de salida.

FILASTICAS: grupo de fibras, cuya unión por torsión forma los cordones de un cabo retorcido.

FLAMEAR: ondear la lona por efecto del viento.

FLATTENING REEF: un ollao colocado entre treinta y sesenta centímetros arriba del puño de escota en la baluma de la mayor. Al cazarlo hacia atrás y abajo, aplana el tercio inferior de la vela.

F

FLECHASTE: trozo de cabo delgado (o listón de madera) que corre horizontalmente entre los obenques, a modo de escala para trepar por la arboladura.

FLETTNER, Antonio: inventor del sistema de propulsión eólica por medio de cilindros rotores.

FLUJO: (1) desplazamiento de un fluído. En manejo de velas se emplea con frecuencia "flujo limpio" para definir el aire que entra por el gratil de una vela de proa y por oposición "flujo turbulento" al que llega a las mayores, perturbado por el mástil u otro obstáculo; (2) marea creciente.

FOGONADURA: agujero en la cubierta para el pasaje de un palo. En los barcos modernos, mediante el empleo de cuñas en combinación con la fogonadura, se regula la caída y la curvatura del palo.

FONDEAR: arriar el ancla y afirmarla al fondo del mar o río, mediante procedimientos que aseguran que haya hecho cabeza.

FOQUE: nombre genérico de las velas de proa.

FORRO: conjunto de tablas o planchas que recubren la estructura del casco.

FORTUNA (de): dícese de los aparejos o sistemas improvisados para reemplazar los perdidos por avería.

FRACCIONADO: ver APAREJO.

FRAGATA: gran velero aparejado con bauprés, trinquete, mayor y mesana, los tres últimos cruzados; lleva cuatro o cinco foques y estays en mayor y mesana para complementar las cuadras, así como cangreja en el palo de popa.

FRAILE: bita, generalmente de madera, colocada en proa.

FRANCO BORDO: distancia vertical entre la línea de flotación y la cubierta estanca más alta de una embarcación.

FRANGOTE: fardo de tamaño diferente al normalizado. (Hist. A los inmigrantes se les permitía transportar sin cargo un *frangote*. De allí: *volvió con un frangote de guita*).

FRANQUIA: situación del buque que ha salido de puerto y navega en aguas libres.

FRESCO (Frescachón): viento que oscila en los veinte nudos.

FUERZA PROPULSORA: la fuerza útil generada por una vela.

FULTON, Roberto: inventor de sistemas de propulsión mecánica, el submarino y el torpedo. (circa 1800)

G

GOLF: - - .

Necesito práctico. (Pesqueros: Estoy cobrando las redes).

> *Cielo sin nube y estrella sin brillo, toma a la GAVIA un ricillo.*

GABARRA: embarcación con cubierta que se usa para transporte o para el movimiento de cargas en los puertos, sin propulsión propia.

GALAPAGO: nombre genérico para cualquier artificio de madera o metal que sirva de guía o apoyo a una maniobra.

GALERNA: viento de tempestad (España).

GALEON: escalón intermedio entre la galera y el navío. Llevaba bauprés con cebadera, mayor y trinquete cruzados y latinas en mesana y contramesana. (circa 1500).

GALEOTA: parante que corre de una a otra banda de la brazola donde apoyan los cuarteles de la tapa de una bodega.

GALGA: arreglo de anclote y orinque para engalgar un ancla.

GALILEO GALILEI: seguidor de Copérnico en la teoría que ubica al sol como centro del sistema planetario, lo que motivó su persecución y encarcelamiento por la Inquisición. (nacido en Pisa en 1564, murió en 1643).

GALLETA: pieza circular de madera que corona los palos para protegerlos de la penetración del agua. Con frecuencia están provistas de pequeñas poleas por donde laborean las ságulas.

GANSERA: herraje articulado que vincula la botavara al mástil.

GARETE (estar al): desplazarse una embarcación sin gobierno.

GARREAR: arrastrar el ancla por el fondo.

GARRUCHO: anillo o patín en la relinga de una vela, por medio del cual se fija al estay o percha.

GATERA: tubo de comunicación entre la cubierta y la caja de cadenas por el que se desliza la cadena al levar o fondear.

G

GAVIA: vela cuadra que se larga por encima de la mayor en los aparejos cruzados.

GAZA: terminación en forma de lazo del extremo de un cabo o cable, que permite encapillarlo en frailes o bitas.

GENOA: foque de grandes dimensiones y tela de liviandad apropiada al viento de diseño (a veces llamado foque genovés por algunos autores).

GOBERNAR: llevar el rumbo.

GOLETA: aparejo de dos palos, trinquete y mayor, con velas cangrejas o bermuda y foques en proa.

GRAMPIN: anclote liviano, de varios brazos que permite el rastreo del fondo.

GRATIL: relinga por la que se enverga una vela al estay o mástil. Es el borde de ataque de la vela.

GRETA GARBO: genoa con dos puños de escota.

GRILLETE: pieza mecánica en forma de U, con los extremos perforados para el pasaje de un perno que permite cerrarlo.

GRIMPOLA: cataviento.

GROERA: pasaje que se hace en las varengas o planeros para que circule el agua por la sentina, hacia los pozos de bombas.

GUALDERA: cada uno de los costados resistentes de un mecanismo destinado a soportar ejes, largueros o travesaños.

GUALDRAPEAR: flameo suave de los paños que los hace golpear contra los palos.

GUARDACABO: aro o pieza en forma de gota, de metal o plástico, que forra interiormente la gaza de un cabo o cable para evitar el desgaste.

GUARDAMANCEBO: cabo o cable al tope de los candeleros, que forma una barandilla.

GUARDINES: cabos o cables que vinculan la rueda con el timón, para posibilitar el giro del mismo.

GUARNE: cada uno de los tiros de cabo o cable de poleas de un aparejo. El número de guarnes define la multiplicación de la fuerza en el aparejo.

GUIA: cabo liviano con un peso en un extremo para arrojarlo hacia el muelle u otro barco.

GUINCHE: tambor provisto de sistemas mecánicos, eléctricos o hidráulicos con el que se cazan los cabos de maniobra.

GUINDALEZA: cabo retorcido de tres o cuatro cordones. Los hay de gran mena, superior a la de cualquier otro cabo. Tres o cuatro guindalezas retorcidas entre sí forman un calabrote.

GUINDAR: suspender por alto los masteleros o mastelerillos para izarlos, arriarlos o disminuir la altura de los palos.

GUINDASTE: aparejo en forma de horca para suspender pesos.

GUINDOLA: (1) asiento volante para suspender un hombre; (2) salvavidas con sus elementos de señalación, que se arroja cuando cae un hombre al agua.

GUIÑADA: caída de la proa a una u otra banda del rumbo previsto.

GUION: empuñadura de un remo.

GUITARRA (motón): motón cuyas dos poleas (una de mayor diámetro que la otra) están alineadas para formar un aparejo de cuatro o cinco guarnes dispuestos en un plano.

HOTEL: ....

Tengo práctico a bordo.

> HORIZONTE claro y relampagueante, tiempo bueno y sofocante.

HACER CABEZA: prenderse el ancla en el fondo, por sus uñas.

HALAR: cobrar un cabo.

HELICE: propulsor giratorio resultante del desarrollo de un tornillo con filetes interrumpidos llamados palas.

HELICE DE PASO VARIABLE: propulsor giratorio dotado de palas articuladas que pueden orientarse paralelas al eje o aumentar su paso, en uno u otro sentido para permitir cambios de marcha o velocidad.

HELICE PLEGABLE: propulsor de uso en veleros para provocar mínima resistencia cuando sus palas se pliegan hacia popa durante la navegación a vela pura.

HEMBRA: pieza con orificio o rebaje circular para encastrar un macho y formar así un mecanismo giratorio.

HERVIDERO: escarceo.

HIDRAULICA: mecánica de los fluídos.

HORIZONTE: superficie a la que alcanza la vista, donde se juntan cielo y mar.

HORQUILLA: pieza con forma de horqueta que sobresale de la borda, por donde se transmite el esfuerzo de los bogadores a la embarcación.

HURACAN: (1) viento de fuerza 12 en la escala de Beaufort (64 a 71 nudos); (2) tormenta circular también conocida como tifón o ciclón.

HUSO HORARIO: espacio entre meridianos terrestres que se hallan separados por quince grados de longitud, en que todos los puntos tienen la misma hora.

I

INDIA:...

Caigo a babor. Estoy cayendo a babor.

> Es preferible IRSE A PIQUE antes que rendir el Pabellón.
> *(Almirante Brown).*

IALA: sistema de boyado, de uso internacional, cuyo nombre responde a las siglas Asociación Internacional de Señalización Marítima (International Association of Lighthouse Authorities).

IMBORNAL: orificio con salida al costado y entrada por la cuneta de trancanil, para desaguar la cubierta.

INCLINACION: ángulo formado entre las líneas de fuerza magnética y la horizontal. A mayor latitud, mayor inclinación magnética y menor fuerza orientadora para la aguja del compás.

INTERACCION: cambio de dirección inducido en un fluído, hacia la zona anterior a un perfil interpuesto en su trayectoria (la vela mayor provoca que el genoa aumente su sustentación).

INTERCARDINAL: cada uno de los rumbos intermedios a los cardinales (NE - SE - SW - NW).

IRSE A PIQUE: hundirse la embarcación.

IRSE POR OJO: hundir la proa en la marejada y zozobrar como consecuencia de ello.

IZAR: levantar, normalmente por medio de una driza o cabo.

J   JULIETT: .--

Manténgase bien alejado de mí. Tengo incendio y llevo a bordo mercancías peligrosas; o tengo un escape de mercancías peligrosas.

Nubes con franjas o ribetes, aferra bien los JUANETES.

JABEQUE: barco muy velado y veloz, usado en el Mediterráneo por corsarios y piratas.

JARCIA: cableado o cordaje del aparejo de un barco.

JARCIA DE LABOR: cabuyería móvil.

JARCIA FIRME: cableado que asegura los mástiles.

JARCIA TROZADA: trozos de los cabos de amarras fuera de uso que descolchados sirven para construir lampazos, entrañar y otras manualidades de la marinería.

JARETA: (1) dobladillo de las bolsas por donde pasa una cinta o cabito a fin de cerrarlas. (2) enrejado de madera o cabo tejido.

JIMELGA: refuerzo de madera que se da algunas veces a los palos.

JOCKEY POLE: percha auxiliar en la maniobra del spinnaker que apoya en el mástil y separa la braza de los obenques. Indispensable en los grandes veleros o cuando se usan brazas de cable.

JUANETE: vela cuadra que despliega por sobre el velacho o la gavia en los aparejos cruzados.

JUNCO: embarcación originaria de las Indias Orientales y China, cuyas velas se rizan por medio de amantes (que dan origen al sistema actual de manos de rizos).

JUNTA: (1) empalme o costura en el forro; (2) inserción de material entre dos partes de metal de un motor o mecanismo.

K KILO: - . -

Necesito comunicarme con usted.

KILOGRAMO: medida de peso del sistema métrico decimal. Múltiplo de uso frecuente en naútica es la tonelada (no confundir con toneladas de arqueo).

KILOMETRO: medida de longitud del sistema métrico decimal, inusual en naútica. Equivale a 0,547 de milla.

KILOWATT: medida de potencia que reemplaza a los tradicionales caballos de fuerza. Equivale a 1,342 caballos de fuerza.

KINGSTON: válvula de casco que cierra el acceso del agua de mar a los circuitos internos.

L LIMA: . - ..

Pare su buque inmediatamente.

Si ambas *LUCES* de un vapor, por la proa has avistado
Debes caer a estribor, dejando ver tu encarnado.
(R.I.P.P.C.M.)

LABOREAR: trabajar un cabo a través de una polea.

LANDA: pieza de metal sujeta al costado del buque donde se afirman los obenques.

LANTEON: ver APAREJOS.

LANTIA: farol de aceite para iluminar la rosa del compás, ubicado a los lados de la bitácora.

LARGAR POR OJO: dejar ir la cadena por el escobén cuando no puede levarse en el tiempo disponible o en las circunstancias reinantes.

LARGO: (1) amarra que corre desde el porta espía de proa hacia una bita ubicada en proa y vice versa en popa; (2) navegar con vientos entre la cuadra y la aleta.

LASCA: nudo marinero.

LASCAR: aflojar un cabo o cable.

LASTRE: material pesado que se ubica por debajo del centro de empuje para majorar la estabilidad de una embarcación.

LAZARETO: pañol o compartimiento ubicado en el extremo popel del barco.

LEVA (mar de): marejada que se levanta antes o sobre el arribo del viento.

LEVAR: levantar el ancla.

LIMERA: agujero o tubo por donde pasa la mecha del timón.

LINEA DE CRUJIA: línea que corre de proa a popa por la cubierta, dividiéndola en mitades simétricas.

LINEA DE FE: línea en mortero de compases o taxímetros, coincidente con la dirección de la proa.

LINGUETE: pal- barra metálica que permite trabar una rueda dentada. Se emplea en guinches y cabrestantes para impedir el giro en sentido no deseado.

L

LLANO: (1) nudo marinero; (2) dícese del mar cuando no hay olas.

LLANO CON ESCAPE: nudo marinero.

LUA: cara de sotavento de una vela.

LUCES: se rigen poe el Reglamento Internacional Para Prevenir Colisiones en el Mar (Londres 1972). De tope (blanca 225 grados); de costado (verde y roja 122,5 grados); de alcance (blanca 135 grados); de remolque (amarilla 135 grados); todo horizonte (blanca, verde, roja o amarilla 360 grados, fija o a destellos).

LUCHADERO: refuerzo de cuero o goma rodeando la caña del remo en la zona de trabajo del tolete o chumacera.

LUMBRERA: abertura vidriada en la cubierta, para iluminación de los espacios interiores.

M

MIKE: - -

Mi buque está parado y sin arrancada.

> Está siempre vigilante y ten presente además
> Si hay peligro por delante, MODERA, para o da atrás.
>   *(R.I.P.P.C.M.)*

MACHO: (1) pieza de forma cilíndrica que encaja en una hembra para formar un mecanismo giratorio; (2) parte inferior de un mástil compuesto.

MALLETE: aro del eslabón de una cadena.

MAMPARO: separación entre compartimientos; puede ser simplemente divisorio o estanco, antifuego, etc.

MANGA: ancho máximo del buque.

MANGUEROTE: manguera de ventilación.

MANO DE RIZOS: cada faja de la vela que se achica para disminuir potencia cuando el viento refresca.

MANZANILLO: anillo en un motón, opuesto al gancho, donde se arraiga la beta.

MAPA: superficie plana de la uña del ancla.

MARCACION: dirección a un objeto medida por el ángulo a contar del norte, con centro en el buque.

MARCAS: (R.P.P.C.M. Londres 1972) bola (negra de 60 cm. de diámetro), cono (negro 60 cm. de diámetro y 60cm. de altura), cilindro (negro 60 cm. de diámetro y 1,20m. de largo), para buques menores pueden tener menor tamaño.

MAREA: ascenso y descenso de las aguas del mar, ocasionados por los astros y la meteorología.

MARITIMO: relativo a las actividades comerciales o de servicios vinculados al mar.

MARGARITA: nudo marinero.

MARTINGALA: artificio compuesto por un cable sujeto en sus extremos al mástil y un parante que separa a ambos y da tensión al primero para impedir la curvatura del segundo; habitualmente se instalan de a pares en la parte superior del mástil de los aparejos fraccionados.

M

MASTELERILLOS: parte superior de un palo compuesto por más de dos tramos.

MASTELERO: parte de un palo compuesto que se ubica sobre el macho.

MASTIL: percha aproximadamente vertical que apoya en la quilla o en cubierta, es afirmada por la jarcia firme y trasmite al barco las fuerzas generadas en las velas, a las que da soporte.

MATAFION: cabo que sirve para asegurar una lona a un nervio o percha. Las manos de rizos están provistas de matafiones.

MECHA: (1) eje del timón; (2) extremo del palo que se aloja en la carlinga.

MENA: grosor de un cabo medido por su circunferencia.

MERIDIANA: altura de un astro en su pasaje por el meridiano superior del lugar.

MESANA: palo de popa (y la vela mayor correspondiente).

MILLA: la milla marina resulta de medir la longitud de un minuto de arco de meridiano (1.852,2 m.).

MODERAR: bajar la velocidad.

MOLINETE: tambor movido a motor o manualmente para ayudar a cobrar cabos, cables o cadenas.

MONZON: viento de mar y tierra que cambia de dirección semestralmente, con el calentamiento y enfriamiento de la masa terrestre en un período anual.

MORDAZA: artificio que sujeta cabos, cables o cadenas, sin dejarlos correr.

MORTERO: receptáculo con tapa transparente que contiene la rosa del compás.

MOTON: elemento de maniobra constituído por una polea que trabaja sobre un eje fijado entre dos costados llamados gualderas que afirman en sus extremos el gancho o arraigo y el manzanillo. Cuando el motón tiene más de un ojo se llama cuadernal; cuando una de las gualderas puede abrirse para permitir el pasaje de un cabo que no tiene extremos libres se llama pazteca; antiguamente los motones meálicos se denominaban catalinas.

MUELA: pieza metálica del estopor que levanta la cadena del ancla para liberarla de su posición de trinca.

MUELLE: (1) construcción destinada al atraque de embarcaciones; (2) resorte.

MUERTO: peso fondeado para fijar una señal o para permitir el amarre de barcos al borneo.

N   NOVEMBER: -.

No, Negativo. (Cuando se transmita por radio será: NO).

> NIEBLA en la montaña, pescador a la cabaña.

NAUFRAGAR: irse a pique.

NAUTICA: referente al estudio y ciencia de la navegación. (Deportiva) por uso y costumbre abarca lo referente a la actividad deportiva.

NAVAL: por uso y costumbre, relacionado con la Armada y sus actividades bélicas.

NAVE: buque.

NAVEGACION: ciencia de hallar la posición de una nave y arte de conducirla de un lugar a otro con seguridad y exactitud. Se clasifica en navegación por canales, costera, por estima, astronómica y radioeléctrica o electrónica.

NAVEGAR: (a vela y según la dirección del viento) en popa redonda; en popa; por la aleta; al largo; a la cuadra; al través; a un descuartelar y ciñendo.

NEBLINA: condensación de vapor de agua menos densa que la niebla.

NEGADA: virada temporaria del viento que obliga a perder barlovento.

NERVIO: cabo o cable que sirve para afirmar lonas.

NIEBLA: condensación de vapor de agua a nivel del mar o del suelo, que impide la visibilidad.

NORTE: origen de referencia para los rumbos, al que se orienta la aguja magnética. En el sistema sexagesimal coincide con el cero en la graduación de la rosa.

NUBE: condensación de vapor de agua en altura. Los atlas de nubes describen y muetran fotografías de los diversos tipos que suelen presentarse. Genéricamente las nubes se clasifican en bajas, medias, altas y de desarrollo vertical.

NUBOSIDAD: descripción del tipo y cantidad de nubes presentes en la atmósfera visible para un observador. La cantidad se expresa en octavos de cielo cubiertos.

N

NUDO: (1) medida de velocidad en navegación que equivale a una milla por hora; (2) enlace o ajuste de uno o dos cabos con objeto determinado.

NUDO DE ENTALINGAR: nudo marinero.

NUDO MARINERO: un nudo que puede desatarse fácilmente aún ajustado o húmedo. Ver sección destinada especialmente a nudos marineros.

O

OSCAR: - - -

Hombre al agua.

Mar rizada contra la OLA, al contraste el viento rola.

OBENQUE: cabo o cable que sujeta los palos en sentido transversal fijándose, en las cercanías de las bandas, a las landas.

OBRA MUERTA: la parte del casco que no se encuentra sumergida.

OBRA VIVA: la parte del casco por debajo de la línea de flotación.

OJO: cada una de las cajeras de un motón o cuadernal.

OLA: ondulación de la superficie del mar causada por cualquier forma de energía. Se caracteriza por un movimiento aparente de traslado y uno real de las partículas con trayectoria circular.

OLLAO: ojo redondo reforzado por medio de metal o plástico, en una lona, para evitar el desgarro por esfuerzo del cabo que trabaja en él.

ONDA: (1) ola; (2) de marea, traslado horizontal de la mayor altura de las aguas que alcanza diferentes puntos de la costa con diferentes horarios.

OREJAS DE BURRO: (navegar a) cuando en la empopada se abren velas a una y otra banda.

ORINQUE: (1) cabo que se afirma a la cruz del ancla y se amadrina a la línea de fondeo, cuando se prevé alguna dificultad para levar; (2) línea que une al ancla con una boya para señalar su posición.

ORZA: (1) pieza plana que prolonga la quilla y puede ser izada para disminuir el calado; es, esencialmente, un plano de resistencia lateral para mejorar la navegación en ceñida; (2) (tener tendencia a) cualidad de un barco que con timón a la vía tiende a poner la proa al viento.

ORZAR: poner la proa hacia el viento.

OSTA: cabo o cable que parte de la cabeza de una pluma y se afirma a proa o popa para limitar su movimiento.

P

PAPA: . - - .

(En puerto) Todo el personal debe regresar a bordo.

Barre el cielo el PAMPERO después de algún aguacero.

PABELLON: bandera oficial del país.

PABILO: cordón de algodón para calafatear.

PAIREAR: poner al pairo. Disminuir o anular el avance del buque cazando y acuartelando las velas de modo que el efecto de unas anule el de las otras. Cuando el buque está al pairo abate fuertemente.

PAJA: perno o pasador metálico de quita y pon.

PALA: superficie plana que trabaja contra el agua; pala del timón; del remo; de la hélice.

PALAMENTA: equipamiento de una embarcación menor para hacerse a la mar.

PALANQUIN: ver APAREJOS.

PALO: mástil.

PALO SECO: navegar sin vela alguna.

PALMEJAR: falso piso de tablas paralelas, levemente separadas.

PAMPERO: nombre local del viento sudoeste, generalmente acompañado por temporal de lluvia.

PAMPERO SECO: pampero con ausencia total de precipitación, generalmente acompañado por nubes de polvo.

PANTOQUE: zona convexa del casco, entre el fondo y el costado. La forma del pantoque tiene relación con la estabilidad de forma.

PAÑO: (1) velamen; (2) tela con que se confeccionan las velas.

PAÑOL: compartimiento para almacenar equipos o provisiones. Su nombre deriva generalmente del contenido: pañol de velas, pañol de pintura, y eventualmente su ubicación: pañol de popa.

PARALELA: elemento de dibujo de empleo en la carta, que permite su desplazamiento manteniendo la dirección en que ha sido apoyada.

P

PARALELO: círculo paralelo al Ecuador cuyos puntos tienen igual latitud.

PASTECA: motón con una abertura en una de sus quijadas que permite guarnir un cabo sin tener que enhebrar el chicote por la cajera.

PATARRAEZ: cabo que trabaja como viento o guía de un palo o percha.

PATRON DE SIGNOS: carta argentina H 5000. Indispensable para interpretar los signos y abreviaturas de las cartas de navegación.

PEANA: apoyapié de las embarcaciones a remo.

PENOL: extremo de una percha o verga.

PERCHA: genéricamente un palo que integra el aparejo de un barco.

PERICO: vela cuadra que despliega por encima de la sobremesana en los aparejos cruzados.

PERILLA: galleta de un palo o asta.

PESCANTE: cada uno de los soportes para los aparejos de izado y arriado de botes.

PICAR: (1) cortar con un hacha, picar la jarcia después de desarbolar; (2) acciones que implican movimiento de vaivén, picar la hora, picar las bombas.

PICO: percha articulada a un mástil por la coz, con el penol más levantado, con la que se largan las velas cangrejas.

PIE DE GALLO: (1) soporte o arbotante de un cojinete exterior al casco en la línea de eje de una hélice; (2) maniobra constituída por un cáncamo y dos o más tiros de cable o cadena afirmados a un bote o estructura, para su izado y arriado.

PINCHAR: orzar al máximo una embarcación a vela.

PINULA: instrumento que colocado sobre una rosa de compás permite tomar marcaciones.

PIQUE: compartimientos estancos en los extremos de proa y popa que pueden ser usados como tanques.

PLACER: zona de baja profundidad.

PLANCHADA: (1) pasarela entre buque y tierra para embarque y desembarque; (2) tablón que se larga al costado, suspendido por cabos, para efectuar limpieza o pintado.

PLANERO: varenga.

PLANETAS: serie de astros oscuros de forma aproximadamente esférica cuyos volúmenes oscilan entre 0,05 y 1295 veces el de la Tierra. Reflejan la luz del sol y describen alre-

P

dedor de él curvas planas denominadas órbitas. Los planetas inferiores son: Mercurio, Venus, Tierra. Los planetas superiores son: Marte, Asteroides, Júpiter, Saturno, Urano, Neptuno Y Plutón.

PLANO: (1) dibujo, a escala conveniente, de diversos aspectos del buque. Plano de velamen, de arreglo general, etc.; (2) superficie plana imaginaria que se usa para dar referencias. Plano de crujía, etc.

PLANO DE REDUCCION: (de la carta) plano horizontal adoptado como referencia de los sondajes, al que se vinculan las alturas de marea para resolver los problemas del navegante.

PLEAMAR: la mayor altura de la marea.

PLUMA: estructura de madera o de metal a la que se fijan aparejos, para la maniobra de pesos.

POLEA: rueda acanalada por la que corren los cabos o cables dentro de la cajera.

POPA: zona posterior de la embarcación.

PORTAESPIA: herraje para el pasaje de cabos y cables a través de la borda.

POSICION: uno de los tres problemas que debe resolver la navegación. La posición se expresa según alguno de los sistemas de coordenadas de uso normal en la materia: por latitud y longitud o por azimutes y distancias.

POSICION DE LA PROFUNDIDAD: la ubicación, en sentido longitudinal, de la máxima profundidad de una vela, expresada en porcentaje del largo de la cuerda desde el gratil hacia popa. Tiene relación con la potencia de la vela.

PRACTICO: piloto experto en una zona determinada, en la que presta sus servicios.

PRECURVA: la curvatura adelante-atrás del mástil, inducida por la tensión del aparejo, no por la carga de las velas. La curva del mástil regula la potencia de la vela mayor.

PRENSA ESTOPA: dispositivo dotado de empaquetadura estanca por el que pasa un eje.

PRESTADA: virada momentánea del viento que permite orzar, ganando barlovento.

PROA: la zona anterior de la embarcación, destinada a cortar el agua.

PROEL: que se encuentra a proa.

PROFUNDIDAD: (1) medida desde la superficie hasta el fondo del mar o río; (2) la relación entre la fecha y la cuerda de la curva de una vela, expresada en porcentaje.

P

PUERTO: sitio de la costa abrigado a los vientos y olas, sea natural o artificial.

PUJAMEN: relinga inferior de la vela que corre desde el puño de amura a la escota.

PULPITO: armazón en la proa, sobre cubierta, a modo de borda.

PUNTAL: (1) distancia entre la parte superior de la quilla y la cubierta principal; (2) viga resistente al pandeo que se emplea para soportar una carga de magnitud importante.

PUÑO: esquina de las velas provista de ollaos que permiten afirmarla.

Q   QUEBEC: - - . -

Mi buque está sano y solicito libre plática.

QUEBRANTO: curvatura inversa al arrufo, en la que la proa y popa están más bajas que el centro de la cubierta.

QUECHE: velero de dos palos, mayor y mesana, con este último a proa del eje del timón.

QUIJADA: costados de la cajera de un motón o cuadernal, atravesados por el eje de poleas.

QUILLA: estructura que corre de proa a popa en la parte inferior del buque, a manera de columna vertebral.

QUILLA DE ROLIDO: especie de aleta normal al pantoque destinada a aminorar el rolido.

QUILLA HOLANDESA: tabla de quita y pon, fijada al costado de una embarcación para darle plano de resistencia lateral.

QUILLOTE: lastre exterior de los barcos a vela que adopta formas hidrodinámicas que favorezcan la velocidad. A veces el peso del quillote es poco significativo con respecto a la estabilidad de forma; en esos casos el quillote es fundamentalmente un plano de resistencia lateral.

QUEBEC...

Al llegar ada sang y ven-ho- lliure, puga.

QUEBRANTO, gravamen, travesaño al arriarlo, en lo que la proa y popa están más bajas que el centro de la cubierta.

QUECHE, Buque de dos palos, el mayor y mesana, con este último a proa del eje del timón.

QUIJADA, costado de la caja ne de un motón o cuaderna!, sirve de a por el eje de poleas.

QUILLA, estructura que corre de popa a popa en la parte inferior del buque, a manera de columna vertebral.

QUILLA DE BALDO, especie de sobrequilla, idea normal al parecer, que destinada a aminorar el trolido.

QUILLA HOLANDESA, tabla de quilla y otra, fijada al costado que una embarcación para darle plano de resistencia lateral.

QUILLOTE, llame exterior de los barcos, a vela, que adopta formas hidrodinámicas, que favorecen la velocidad. A veces el peso del quillote es poco significativo con respecto a la estabilidad de forma; en esos casos, el quillote, es fundamentalmente un plano de resistencia lateral.

R

ROMEO: . -.

*Si da el verde con el verde o encarnado con su igual
Que total nada se pierde, siga el RUMBO cada cual.*

(R.I.P.P.C.M.)

RABEO: desplazamiento de la popa en sentido opuesto al que se ha colocado el timón.

RABIZA: cabo delgado que por uno de sus extremos sujeta un objeto.

RACA: anillo metálico ubicado alrededor de una percha, con movimiento longitudinal que permite desplazar lo que en él se fija.

RADA: zona costera abierta y apta para el fondeo.

RADIOAYUDAS A LA NAVEGACION: publicación H 221 del Servicio de Hidrografía Naval. Provee la información sobre estaciones radioléctricas, radiofaros, Racon, señales horarias, avisos a los navegantes, servicio para la seguridad de la navegación, mensajes meteorológicos y ayuda médica.

RECALAR: avistar e identificar la costa luego de una navegación de altura o por estima.

RECALMON: disminución súbita o temporaria del viento o mar, en especial durante una tormenta.

REFLUJO: descenso de la marea.

REGALA: tabla o chapa vertical que forma la borda, prolongando las tracas del casco sobre la cubierta.

RELACION DE ASPECTO: el alto de una vela o quillote, dividido por su ancho.

RELACION SUSTENTACION-RESISTENCIA: la sustentación de un perfil dividida por la resistencia que genera. En el caso de una vela da una buena sensación de su performance en ceñida; relaciones altas indican eficacia y mayor capacidad de orzar.

RELINGA: cabo cosido en los bordes de las velas para refuerzo.

RELINGAR: (1) acción de colocar relingas; (2) tesar una vela por su driza para estirar el gratil.

R

REMPUJO: accesorio de costura que se ajusta a la mano por medio de correas; presenta una pieza metálica con rebajes para empujar la aguja.

REPICAR: estirar la relinga de una vela, en particular el pujamen. En los veleros antiguos se repicaba el gratil de la mayor por medio de un aparejo entre gansera y pie de palo.

RESGUARDO: distancia mínima entre la derrota y cualquier peligro en la navegación.

RESISTENCIA: las fuerzas de resistencia causadas por un objeto en movimiento, incluída la fricción de la superficie, la resistencia de la ola y las que derivan de la forma del objeto.

RESPETO: voz castiza para los elementos de repuesto. Respetos de la máquina, inventario de respetos, ancla de respeto.

RETENIDA: cabo o aparejo que se coloca para prevenir la caída o movimiento indeseable de un peso.

RETORNO: polea o motón colocado para cambiar la dirección de un cabo de labor.

REZON: especie de ancla con tres o más brazos, usada principalmente para rastrear el fondo.

RIELES: correderas por las que se desplazan los puntos de escota para modificar las condiciones de trabajo de un vela.

RIFAR: rasgarse una vela.

R.I.P.P.C.M.: Reglamenteo Internacional Para Prevenir Colisiones en el Mar.

RIZO: cabo que pasa por un ollao en la vela, para anudarse en el pujamen.

RIZAR: (1) disminuir la superficie de una vela por medio de rizos; (2) comenzar a formarse olas.

RODA: pieza que forma la proa, levantándose desde la quilla.

ROLAR: escorar alternativamente a las bandas por efecto de la marejada.

ROLETE: especie de caretel por donde trabajan cabos y cables, disminuyendo el rozamiento.

ROMPIENTE: volcarse la cresta de la ola por viento o escasa profundidad

RUMBO: (1) ángulo medido desde la dirección norte hasta la dirección de la proa del buque, en el sentido de las agujas del reloj; (2) agujero en el forro del casco, que compromete la estanqueidad.

RUMBOS: (cardinales, intercardinales, colaterales) son aquellos que coinciden con los puntos cardinales o posiciones intermedias, según se los representa en la rosa de los vientos.

RUTA: derrota.

S

Estoy dando atrás.

SIERRA: ...

> SAN TELMO en la arboladura, mucho mar y viento augura.

SABLE: (batten) listón flexible ubicado en los sobres de la baluma de algunas velas para mejorar su forma. En algunas velas modernas de crucero puede correr del gratil a la baluma. La dureza de los sables debe guardar relación con la intensidad del viento, para que su tabajo sea correcto.

SACO: ensenada profunda de boca estrecha.

SAGULA: driza liviana que laborea en la galleta de los mástiles, empleada para izar distintivos, grimpolas o gallardetes.

SALTAR: (el viento) cambiar de dirección en forma abrupta. Generalmente asociada con el pasaje de frentes o líneas de inestabilidad.

SALVAVIDAS: (1) flotador en forma de chaleco, herradura o aro destinado a mantener a una persona en la superficie del agua. Cuando se lo mantiene pronto a ser arrojado, ante hombre al agua, se denomina guindola, dotándoselo de elementos de señalación para facilitar el rescate; (2) cabo tendido desde los pescantes de bote, para seguridad del personal embarcado durante la maniobra de izado y arriado de los mismos.

SAN TELMO: fuegos fatuos originados por la electricidad estática.

SARGAZO: alga marina de color rojizo.

SECCION MAESTRA: sección transversal del casco que corresponde a la manga máxima

SEMAFORO: torre que provee información visual sobre altura de agua, sentido de corriente y movimiento de los buques en la entrada a un canal o puerto.

SENO: (1) concavidad de dimensiones pequeñas en la costa, que semeja un golfo; (2) curvatura que adopta un cabo.

SENTINA: parte inferior interna del casco donde se deposita el agua y los residuos líquidos.

SEÑALES DE PELIGRO: (R.P.P.C.M. Londres 1972) son señales sónicas o visuales que indican necesidad de ayuda. Disparo, cohetes rojos, bandera cuadra y bola en la misma driza, humo naranja, sonido continuo de señal de niebla, movimiento de brazos arriba y abajo al costado del cuerpo, S.O.S. en morse.

S

SERRETA: elemento longitudinal de la estructura, para aumentar la resistencia del casco. Serreta de trancanil, serreta de pantoque.

SERVIOLA: (1) pescante del que cuelgan las anclas en buques sin escobén; (2) marinero que hace guardia de vigía en la proa.

SEXTANTE: instrumento óptico que sirve para medir ángulos, usado en navegación.

SINGLADURA: período de un día de navegación del buque.

SITUACION: (1) posición del buque; (2) voz que da el navegante para pedir que le canten las marcaciones a los puntos con que se está situando.

SKIPPER: persona al mando de un yate; se usa normalmente cuando no es el propietario del mismo.

SOBREFOQUE: vela de proa largada entre el foque y contrafoque.

SOBREJUANETE: vela cuadra que despliega por encima de los juanetes en los aparejos cruzados.

SOBREMESANA: vela cuadra que despliega por encima de la seca o mesana en los aparejos cruzados

SOBREPERICO: vela cuadra que despliega por encima del perico en los aparejos cruzados.

SOBREQUILLA: refuerzo unido a la quilla por su parte superior.

SOBREPOSICION: el area de la vela genoa que por pasar a popa del palo se sobrepone con la mayor.

SOCAIRE: resguardo o abrigo del viento.

SOLLADO: alojamiento de la tripulación.

SONDA: aparato que sirve para medir la profundidad.

SONDALEZA: cabo tenzado usado para confeccionar una sonda de mano.

SOTAVENTO: la banda contraria a la que recibe el viento.

SPRING: amarra de un barco que saliendo de proa o popa toma dirección hacia el centro.

STAY (Estay): cable de la jarcia firme que desde un mástil se dirije a proa o popa. Stay proel o de proa, stay popel o de popa.

SUPERESTRUCTURA: casillajes o construcciones ubicados sobre la cubierta de intemperie.

SURTO: buque que se encuentra amarrado o fondeado en un puerto.

SUSPENSION CARDANICA: artificio mecánico que permite mantener horizontales a los compases, cocinas o lámparas, a despecho de la escora o rolido.

SUSTENTACION: la fuerza experimentada por un perfil curvo, sometida al flujo de un fluído, cuyo sentido va desde la parte cóncava a la convexa.

T

TANGO: -

Manténgase alejado de mí. Estoy pescando al arrastre en pareja.

> Mucha luz y pocos TRUENOS, agua traen, por lo menos.

TABLA: (1) traca; (2) impreso, generalmente ordenado en filas y columnas, donde se obtienen resultados precomputados usando dos o más argumentos de entrada, con fines de mejores velocidades de cálculo.

TABLA DE JARCIA: suerte de escala formada por los obenques y flechastes para ascender a los mástiles en los grandes veleros.

TALCO: círculo o sector graduado para medir ángulos.

TAMBORETE: zuncho que afirma un mastelero a su macho.

TAMBUCHO: construcción que cierra una escotilla.

TANGON: percha que laborea horizontalmente.

TANQUES DE ASIENTO: tanques en proa y popa que permiten variar el calado en proa o popa. (Normalmente son los piques de proa y popa).

TAPIN: taco redondo de madera para obturar el hueco de tornillos en las tracas, tapas de regala, etc.

TAQUILLA: especie de armario o cajón con tapa.

TAXIMETRO: elemento para medir azimutes cuando no se cuenta con un compás azimutal.

TECLE: aparejo de un solo motón empleado para cambiar la dirección del esfuerzo.

TELERA: taquilla o colgadero (para uso inmediato) de las banderas de señales

TEMPLAR: tesar un cabo o cable.

TEMPORAL: estado del tiempo con viento de fuerza 8 en la escala Beaufort y mar gruesa.

TENEDERO: fondeadero. Buen tenedero, fondeadero donde son escasas las garreadas.

TENSOR: aparato constituído por dos tornillos de rosca contraria y una pieza donde roscan, acortando o alargando la distancia entre sus extremos, a medida que ésta se gira.

T

TESAR: poner tirante un cabo o cable.

TIERNO: que escora con facilidad.

TIMON: superficie o perfil aproximadamente plano que se presenta al flujo del agua para gobernar una embarcación; es operado manual o mecánicamente.

TIMON A BARLOVENTO: la tendencia del barco a orzar con el timón al la vía. Se mide en los grados de timón necesarios para mantener el barco en un rumbo recto.

TIMON A SOTAVENTO: la tendencia del barco a arribar con el timón a la vía. Este fenómeno se presenta con vientos suaves casi exclusivamente.

TIMON DE FORTUNA: cualquier ingenio que permita gobernar la embarcación ante avería del timón.

TIMON DE VIENTO: autopiloto gobernado por el viento aparente.

TINGLADILLO: sistema de construcción de casco con las tracas superpuestas.

TINTERO: orificio donde se introduce un eje o pinzote.

TIRA: nombre genérico de los cabos usados en maniobra, halados a mano.

TOLDILLA: (1) cubierta de popa; (2) toldo pequeño para sombra.

TOLETE: apoyo de los remos que sobresale de la borda por donde se trasmite el esfuerzo de los bogadores de la embarcación.

TOPE: (1) extremo superior de los mástiles; (2) hacer tope, llegar a su posición extrema.

TOMADORES: cabitos provistos de gaza y cazonete para afirmar lonas.

TRACA: tabla del forro o cubierta de un buque.

TRACA DE APARADURA: primera traca a contar desde la quilla.

TRANCANIL: unión de la cubierta con el costado. Por debajo de esa unión corre normalmente la serreta de trancadil.

TRAPA: retenida que se da en forma temporaria a cualquier peso, maniobra o remolque.

TRASLUCHAR: virar por redondo. Cambiar de amuras pasando el viento por la popa.

TRAVELLER: sistema compuesto por un riel, carro y aparejos para darle apropiada posición - sea a barlovento, sotavento o centro - al punto inferior del aparejo de escota de la mayor, mesana o trinquete.

T

TRAVES: la dirección perpendicular a crujía.

TRAVESIN: amarra tendida al través.

TRIANGULO DE PROA: plano definido por el mástil, la cubierta y el estay de proa.

TRINCA: cables, flejes, cabos o sistemas mecánicos especialmente adaptados para impedir movimientos no deseados de un elemento, peso o mecanismo.

TRINCAR: afirmar un elemento al buque, por medio de trincas.

TRINQUETE: palo ubicado a proa del mayor.

TRINQUETILLA: el foque engarruchado en el estay mas bajo; suele llevar una percha en el pujamen.

TRUENO: ruido que sigue al relámpago. Para calcular la distancia al punto de caida del rayo multiplicar el número de segundos que los separan por 333 metros.

TURBONADA: chubasco de viento y lluvia de singular fuerza y corta duración.

U

UNIFORM: ..-

Usted se dirige a un peligro.

UÑA: extremo de los brazos de un ancla.

UNIDADES: (1) cada uno de los barcos que componen una flotilla; (2) de medida: en naútica se emplean las del sistema métrico decimal, con excepción de las distancias que se miden en millas naúticas (1852,2 metros), cables (décima parte de una milla) y brazas (milésima parte de una milla) cuyo uso está limitado a las profundidades en algunos países de habla inglesa.

V

VICTOR: . . . -

Necesito asistencia.

> Si te calma el VENDAVAL y por el norte se rola,
> Es probable un temporal con el agua hasta la gola.

VAGRA: refuerzo paralelo a la quilla para soportar la flexión del casco.

VAINA: dobladillo de las velas.

VAIVEN: cabito colchado fino de tres cordones.

VANG: aparejo o hidraúlico que vincula el pie del mástil con el tercio anterior de la botavara y permite controlar su situación y con ella la baluma.

VARADERO: lugar en tierra donde se trabaja en el casco de los buques. Taller de reparaciones y pintura de buques.

VARAR: encallar.

VARENGA (Planero): refuerzo del fondo con forma de escuadra o plancha, normal a la quilla, unido a las cuadernas hasta que se alcanza el pantoque.

VARETA: cuaderna delgada.

VELA: (por su forma) cuadra, cangreja, guaira, bermuda, cuchilla, latina, tarquina, al tercio, foque, espinnaker y sus variaciones.

VELAR: sobresalir del agua un obstáculo o peligro.

VELAS: (inventario moderno) Las bermudas: mayor, trinquete y mesana. Las cuchillas: sólo en yates de dos palos. Los foques, genoas y trinquetas. Los spinnakers: esféricos, trirradiales y star cut, o los asimétricos. Las rastreras. Los bloopers. Las de capa: tormentín, foque de huracán y mayor de capa o trisail. Hay versiones enrollables de mayores y velas de proa, para barcos con tripulación reducida.

VELETA: indicador de la dirección del viento.

VENDAVAL: viento muy fuerte que no llega a temporal.

VERDUGUILLO: varilla redondeada que corre por el costado a la altura del trancanil, como protección o adorno.

V

VERGA: percha horizontal en las velas cuadras.

VERIL: borde de los canales, donde la profundidad disminuye.

VIENTO: (1) desplazamiento horizontal del aire; (2) cabo o cable que actúa como sosten de una percha.

VIGOTA: madera circular con orificios con la que se arma un aparejo para los obenques en barcos antiguos.

VIOLIN: listón en mesas y estantes para que no caigan los objetos con el rolido.

VIRADOR: cabo o cable flexible auxiliar de una maniobra a la que se amadrina para poder tesarla o desplazarla.

VIRAR POR AVANTE: caer pasando la proa por el viento.

VIRAR POR REDONDO: caer pasando la popa por el viento.

VIRAZON: briza de mar y tierra que cambia de dirección con el calentamiento y enfriamiento de la masa terrestre, en cada período diario.

VOLANTE: (1) contrapeso de forma aproximadamente circular, centrado en el cigueñal de algunos motores; (2) dícese de la maniobra de quita y pon, tal como las burdas volantes.

VOLTEJEAR: barloventear.

VUELTA DE BAO: boleo.

VUELTA DE ESCOTA: nudo marinero.

W   WHISKY: . - -

Necesito aistencia médica.

WINCH: anglicismo por guinche.

WIND SURF: navegación a vela sobre una tabla dotada de orza y aleta de popa, pero carente de timón, cuyas maniobras se realizan desplazando el centro vélico hacia proa y popa.

Y   YANKEE: -. - -

Estoy garreando. Estoy levando mi ancla.

YACHT: embarcación ligera (del alemán jagt, que significa barco de persecución).

YATE: traducción de yacht. Embarcación deportiva propulsada a vela o a motor.

YAWL: velero de dos palos, el posterior (mesana) colocado a popa del timón.

YOLA: velero pequeño normalmente dedicado a escuela o regata.

Z ZULU:-..

Necesito remolque. (Pesqueros: Estoy largando las redes).

ZAFAR: soltarse algo. Zafar de una varadura, zafar el ancla.

ZAFARRANCHO: organización de la tripulación y el pasaje para enfrentar una emergencia o faena, donde cada uno tiene una función específica. Los zafarranchos fundamentales son el de abandono y el de incendio.

ZAGA: (en la sonda a mano) distancia entre el agua y la borda, que se agrega entre el escandallo y la primer marca para poder leer en la mano la profundidad real.

ZALLAR: poner una percha normal a crujía.

ZARPAR: (1) hacerse a la mar; (2) zafar el ancla en la faena de levar.

ZOZOBRAR: hundirse, irse a pique.

ZUNCHO: abrazadera o aro de metal.

Glosario Nautico

- Inglés - Español y
- Apéndices

A — ALFA

ABACK: vela acuartelada que actúa como freno.

ABAFT: en dirección de la popa.

ABAFT THE BEAM: cualquier dirección entre el través y la popa.

ABEAM: al través.

ABOUT, to go, to come, to put: barloventear.

ABURTON: carga de cajas o barriles colocada de banda a banda, en sentido transversal.

ACCELERATOR: catalizador.

ACCOMODATION LADDER: escala de gato largada al costado.

AERIAL: antena.

AFT: hacia la popa- detrás.

AFTER GUYS: osta popel.

AGROUND: varado.

AHEAD: hacia proa-frente de.

AIR HORN: corneta de niebla.

ALOFT: por arriba- trepado al mástil o aparejo.

AMIDSHIPS: (1) timón a la vía; (2) en el medio del barco.

AMMETER: amperímetro.

ANCHOR: ancla. *Bower anchor:* ancla de servicio o principal. *Sea anchor:* ancla de mar. *Stock:* cepo. *Flukes:* mapas. *Shank:* caña. *Ring:* arganeo. *Fisherman o Nicholson:* con cepo. *Navy o Hall:* de tragadero. *Danforth.-- Plow o CQR:* de arado. *Northill:* cepo y brazos unidos en la cruz. *Swedish:* rezón. *Anchor warp:* línea de fondeo. *Anchor buoy:* boyarín. *Tripping line:* orinque del boyarín.

ANCHOR BROKEN OUT: zarpar el ancla, levar.

ANCHOR CHAIN: cadena de fondeo.

ANCHOR CHOCK: escobén.

ANCHOR DRAG: ancla de mar.

ANCHOR HOLD: agarre del ancla, cabeza.

ANCHOR HOY: barcaza para levantar anclas o cadenas.

ANCHOR KNOT: nudo marinero (de entalingar).

ANCHOR LINE: cabo de fondeo.

ANCHOR SHACKLE: grillete de entalingar.

A

ANCHORING UNDER SAIL: fondear a vela pura. Opp. SAILING OUT OF THE HOOK.

ANSWER COMMANDS: repetir las ordenes para dar a entender que han sido recibidas.

ANTI FOULING: pintura antiincrustante.

ANTI SLIDE: antideslizante.

ARC: limbo del sextante.

ARM: brazo del ancla.

ARMCHAIR SAILOR: amarrero. Despectivamente al referirse a los que leen y hablan mucho sobre marinería pero navegan poco.

ARMILLARY SPHERE: antiguo instrumento astronómico consistente en anillos metálicos representando las esferas celestes.

ARMING: rebaje del escandallo para obtener muestras del fondo.

ASH: Fresno.

ASHORE: varado, embicado.

ASHTRAY: cenicero.

ASPECT RATIO: relación de largo a ancho en las velas, pala del timón, etc.

ASTERN: hacia popa.

ATHWARTSHIPS: transversal a crujía.

AWEATHER: capear.

AWEIGH: ancla que ha zarpado.

AWNING: toldilla.

B — BRAVO

BACK: virar el viento en el sentido contrario a las agujas del reloj (en el hemisferio norte).

BACKSTAY: estay popel. (Permanent backstay).

BACK THE JIB: acuartelar.

BALLAST: lastre.

BALLAST KEEL: lastre externo.

BALSA WOOD: Madera balsa.

BAREBOAT CHARTER: fletamiento de un barco sin tripulación.

BARE POLE: a palo seco.

BARK: barca.

BARKENTINE: bergatín de tres palos.

BAROMETROGRAPH: (barograph) barómetro registrador.

BARREL BOLT: pasador.

BEACON: baliza.

BEAM: manga.

BEAM REACHING: viento por el través.

BEAR AWAY, to (Bear off, to): arribar.

BEARING: (1) marcación; (2) cojinete.

BEATING (Beating to windward): bordejear hacia el viento, barloventear.

BEDDING (Compound): compuesto sellador.

BELAY, to: tomar vueltas un cabo en una cornamusa.

BEND, to: (1) anudar un cabo con otro; (2) hacer firme una vela.

BENEAPED: varado por marea bajante.

BERTH: (1) cucheta; (2) lugar de amarre.

BERTHAGE: derechos de amarre.

BIGHT: (1) coca de un cabo; (2) bahía abierta o expuesta.

BILANDER: balandro (Países Bajos).

BILGE: sentina.

BILGE PUMP: bomba de sentina.

BILL: certificado.

BILLBOY: barcaza costera o de río de fondo plano (Inglaterra).

BILL OF HEALTH: patente de sanidad.

BILL OF LADING: conocimiento de carga.

B

BINNACLE: bitácora.

BINNACLE LIST: lista de enfermos (US Navy).

BINOCLE: binoculares.

BITT: fraile o bita.

BLADE: pala de remo o hélice.

BLEED, to: purgar o drenar.

BLOCK: motón. *Doble/triple block:* cuadernal de dos o tres ojos. *Turning/cheek block:* retorno. *Fiddle block:* motón guitarra.

BLOW: chubasco-ráfaga.

BOARD: distancia navegada en una pierna al barloventar.

BOAT HOOK: bichero.

BOATSWAIN: contramaestre de botes.

BOATSWAIN'S CHAIR: guindola para trepar al palo.

BOBSTAY: cadena o cable que sostiene el bauprés hacia abajo.

BODY PLAN: plano de líneas de la carena.

BOLLARD: bita- bolardo.

BOLTROPE: relinga armada con cabo.

BOOM: botavara- percha.

BOOT-TOP LINE: faja de pintura en la flotación.

BOTTOM: fondo- obra viva.

BOW: proa.

BOW AND STERN MOORING: amarre por proa y popa a boyón o duque de alba.

BOW CHOCK: portaespía. *Bow chock with rollers:* portaespía con roletes.

BOWER: el ancla principal o de servicio.

BOWLINE: nudo marinero (as de guía)

BOW PULPIT: púlpito.

BOWSPRIT: bauprés.

BRACKET: herraje. *Mounting bracket:* montaje.

BRAIDS (Braided ropes): cabos trenzados.

BRAILS: cabos que afirman una vela a su percha. Matafiones.

BRAKER: (1) rompiente; (2) barril para agua potable.

BRIDLE: pie de gallo.

BREADTH: manga.

BREAST HOOK: buzarda.

BREAST ROPE: travesín (amarra).

BRIG (Brigantine): bergantín.

BRIGHTWORK: maderas barnizadas.

BRING UP, to: fondear.

BROACH, to: quedar atravesado al mar.

BROAD REACHING: viento por la aleta.

BULKHEAD: mamparo.

BULLS EYE: (1) pasacabo redondo de madera para cambiar la dirección de un cabo de labor; (2) Aldebarán (alfa tauri), estrella mas brillante de la constelación del toro.

BULWARK: regala; borda sólida.

BUMPKIN: percha hacia popa donde afirma el estay popel.

BUMPER: defensa.

BUNK: cucheta.

BUNKER: combustible para consumo del barco.

BUOY: boya.

BURGEE: bandera o gallardete distintivo de club.

BURNER: quemador, mechero.

BY THE LEE: empopar con botavara y viento por la misma banda.

C   CHARLIE

CABIN: cabina.
CABLE-LAID ROPE: calabrote.
CALL SIGN: señal de llamada (comunicaciones).
CAMBER: boleo.
CAM CLEAT: mordaza de camones.
CANVAS: lona.
CAP: (1) gorra; (2) tamborete.
CAPSIZE: darse vuelta, zozobrar.
CAPSTAN: cabrestante vertical.
CARABINER: gancho mosquetón.
CARAVELLE: carabela.
CARBOY: damajuana.
CARD: rosa del compás.
CARRONADE: carronada.
CARRY AWAY, to: desarbolar.
CAST, to: sondar con escandallo.
CAT'S PAW: nudo marinero (boca de lobo).
CAT THE ANCHOR: trincar el ancla a son de mar.
CAULK: (1) calafateo; (2) adhesivo o sellador.
CB RADIO: radio de banda ciudadana.

CEDAR: Cedro.
CELESTIAL NAVIGATION: navegación astronómica.
CENTERBOARD: orza.
CENTERBOARD TRUNK: caja de orza.
CHAFE: abrasión.
CHAFE GUARD (Chafe tape): manguera o cinta que protege de la abrasión a los cabos y cables.
CHAIN: cadena.
CHAIN BOLT: tornillo de las landas.
CHAIN DECK PIPES: gateras.
CHAIN LOCKER: caja de cadenas.
CHAIN PLATES: landas.
CHANGE MOON: luna nueva.
CHANNEL MARKER: baliza, baliza de enfilación.
CHARCOAL: carbón de leña.
CHARON: Caronte.
CHART DATUM: plano de reducción de la carta.
CHARTERER: fletador.
CHARTER PARTY: póliza de fletamiento.

C

CHECK STAY: burda volante baja.

CHEECK BLOCK: polea de retorno fija a una percha.

CHINE: curva del pantoque.

CHOCK: (1) portaespía, escobén; (2) calzo.

CHOP: Oleaje.

CHRONOMETER: cronómetro.

CLAM CLEAT: mordaza con ranura dentada.

CLAMP: grampa.

CLEAT: cornamusa.

CLEVIS PIN: pasador.

CLEW: puño de escota.

CLINKER: tingladillo.

CLOCK: reloj.

CLOSE HAULED (close reaching): barco que navega muy ceñido.

CLOVE HITCH: nudo marinero (ballestrinque).

CLUMBUNGAY: barco clásico bien mantenido.

COACH ROOF: carroza.

COAL: carbón.

COAMING: brazola; costado de una carroza o cockpit, sobre nivel de cubierta.

COFEE GRINDER (Pepper grinder): pedestal con manivelas para mover los guinches.

COIR: coco (cabo de).

COMPANIONWAY: escotilla.

COMPASS: compás magnético.

COMPASS CARD: ver CARD.

COMPASS POINT: cuarta.

CONE TERMINALS: accesorio en el sistema Norseman para terminar un cable.

COTTER KEY (Cotter pin): chaveta.

COURSE: rumbo.

COURSE CORRECTOR: abaco que resuelve la composición de vectores.

COURSE PROTRACTOR: talco con regla giratoria.

COURTESY ENSIGN: bandera de cortesía (en puerto extranjero).

COVERING BOARD: traca de trancanil.

CRANK: barco tierno.

CRIMP FITTINGS: terminación de cables en el sistema Nicopress.

CROSSTREE: verga.

CROWN: (1) cruz del ancla; (2) piña que remata un cabo.

CROW'S NEST: nido de cuervo.

CUNNINGHAM HOLES: cunningham.

CUSTOMS CLEARANCE: despacho de aduana.

D — DELTA

DANGER BEARING: marcación de seguridad.

DAVITS: pescantes.

DEAD DOWN WIND: popa cerrada.

DEAD EYE (dead block): (1) bloque de madera dura con uno o más orificios por donde pasan cabos a fin de cambiar la dirección de labor; (2) vigotas.

DEAD RECKONING: navegación por estima.

DECK BEAM: bao.

DECK FITTINGS: herrajes de cubierta.

DECK HEAD: cara inferior de la cubierta.

DECK LAYOUT: diseño del arreglo de cubierta.

DECK LIGHT: pieza de vidrio encastrada en la cubierta para iluminar el espacio interior.

DECK LOG: libreta que se lleva en cubierta o timonera con anotaciones de los datos necesarios para reconstruir la derrota.

DECK PLATES: bocas de carga de agua o combustible.

DEPRESSION: centro de baja (meteorología).

DEPTH: puntal.

DEPTH FINDER: (depth meter) sonda.

DERRICK: (cargo boom) pluma.

DIG IN: hacer cabeza el ancla.

DINGHY: chinchorro.

DIP: depresión del horizonte aparente.

DIRECTION FINDER: radiogoniómetro.

DIVIDER: compás de dibujo.

DOCK: dársena.

DODGER (weather cloth): toldo, chubasquera.

DOG HOUSE: timonera o cockpit cerrado.

DORADE VENTILATORS: respiraderos con trampa de agua.

DORIS: bote de pesca del bacalao en Terranova.

DOUBLE CARRICK BEND: nudo marinero (grupo de calabrote).

D

DOUBLE SHEET BEND: nudo marinero (vuelta de escota doble).

DOUSE, to: arriar.

DOWNHAUL: repique que deprime la gansera para tesar el gratil.

DOWN HELM, to: meter la caña del timón para orzar.

DOWN WIND: (1) viento franco; (2) a sotavento.

DRAFT: calado.

DRAFT SURVEY: cálculo de cargas por lectura de calado.

DRAG, to: garrear el ancla.

DRY ROT: Hongo de la madera.

DRAKKAR: barco vikingo.

DRAW, to: portar una vela.

DRAW AHEAD, to: desplazarse la posición (marcación) relativa de un objeto hacia proa.

DRAW ASTERN, to: desplazarse la posición (marcación) relativa de un objeto hacia popa.

DRESS SHIP, to: largar el engalanado.

DRIFT: (1) dirección de la corriente de marea; (2) distancia entre los cuadernales de un aparejo; (3) distancia a proa o popa del través del mástil a la que están ubicadas las landas de los obenques bajos.

DRIFT, to: abatir o derivar por viento o corriente.

DUCK BOARDS: palmejares.

E

ECO

EARING: ollao en gratil y baluma para mano de rizos.

EASE, to: alcanzar la marea el momento de la estoa.

EBB: reflujo.

ECHO SOUNDER: sonda ecoica.

ELM: Olmo.

ENDLESS STROP: estrobo.

ENSIGN: bandera nacional del yate.

EYE: (1) coca pequeña; (2) dirección de donde sopla el viento.

EYE AND EYE SWIVEL: grillete giratorio.

EYEBOLT: cancamo con tornillo pasante.

EYELET: ollao pequeño.

EYESPLICE: gaza.

EYESTRAP: abrazadera.

E

EARING: cabo en grillo y baluma para mano de rizos.

EASE: to balance; la marca el
momento de la estoa.

EBB: reflujo.

ECHO SOUNDER: sonda
acústica.

ELM: Olmo.

ENDLESS STROP: estrobo.

ENSIGN: bandera nacional
del yate.

EYE (1): orza pequeña. (2) dirección de donde sopla el
viento.

EYE AND EYE SWIVEL: grillete giratorio.

EYEBOLT: cáncamo con tornillo pasante.

LEYELET: ollao pequeño.

EYESPLICE: gaza.

EYESTRAP: abrazadera.

F   FOXTROT

FAIRLEAD: guía para la cabuyería.

FAKE, to (Flake, to or Fake down, to): adujar los cabos en cubierta, en forma de ocho, para que salgan sin enredarse.

FALL OFF: tendencia del barco a arribar.

FALSE KEEL: sobre quilla.

FAST: asegurar, aferrar, trincar.

FATHOM: braza (seis piés o 1,83 metros).

FATHOMETER: sonda.

FAUCET: grifo, canilla.

FEATHER, to: poner la hélice en bandera, anulando la resistencia.

FEATHERING THE OARS: giro de la pala del remo, al sacar, para ponerla horizontal durante el movimiento hacia proa.

FENDER: defensa.

FETCH, to: arribar a destino sin necesidad de bordejear.

FID: (1) punzón; (2) pasador.

FIDDLE (fiddle rail): violín.

FIDDLE BLOCK: motón guitarra.

FIGURE EIGHT KNOT: nudo marinero (lasca).

FIRE EXTINGUISHER: extinguidor de incendio.

FISHERMAN'S BEND: nudo marinero (nudo de pescador).

FITTINGS: piezas de sujección.

FIX: punto de situación.

FLAG: bandera.

FLAG POLE (Flagstaff): asta de bandera.

FLAKE, to: ver FAKE.

FLARE: bengala.

FLAW: racha.

FLOOD: flujo.

FLUKE: uña del ancla.

FLY: (1) cataviento a tope del mástil; (2) largo horizontal de una bandera.

FLYING: vela con el gratil sin engarruchar.

FOOT: pujamen.

FOOT BLOCK: polea de retorno fija a la cubierta.

FORE: en o hacia adelante (opuesto AFT).

FORE AND AFT: (1) en dirección de la línea de crujía; (2) aparejo sin cuadras.

FORECASTLE: (1) castillo; (2) la cabina de más a proa.

F

FORE GUY: (1) contraescota. (2) contra braza (3) osta proel.

FOREPEAK: espacio triangular en proa, bajo cubierta.

FORESHORE: parte de la playa por debajo del nivel de la plea.

FORE TRIANGLE: triángulo de proa.

FORWARD OF THE BEAM: dirección entre la proa y el través.

FOUL: (1) dícese del ancla cuando está enrocada o encepada; (2) casco incrustado o brotado de algas.

FOUL HAWSE: cables o cadenas enredados, de varias anclas.

FOUL BERTH: fondeadero donde puede provocarse un abordaje.

FOUL WATER, to make: navegar en aguas poco profundas, levantando el fango del fondo con la quilla.

FOUL WEATHER GEAR: ropa de agua.

FRAME: cuaderna o vareta.

FRAP, to: aferrar una vela culebreándola a la percha.

FREEBOARD: altura del casco sobre la flotación.

FREEING WIND (Freer): viento que vira franqueándose.

FRONT: frente (meteorología).

FROZEN: agarrotado, trabado, adherido.

FULL AND BY: ceñida ardiente.

FULL MOON: luna llena.

FURL, to: doblar o enrollar y aferrar una vela.

G — GOLF

GAFF: pico.

GAFF SAIL: cangreja.

GALE: temporal.

GALLEON: galeón.

GALLEY: repostería; zona de lavado de vajilla en la cocina.

GALLEYWARE: vajilla.

GALLOWS: (gallows frame) estructura fija de apoyo de la botavara.

GALLOWS BITTS: mesa de guarniciones.

GANTRY CRANE: grúa de pórtico.

GARBOARD: traca de aparadura.

GATLINE: cabo usado específicamente para izar una guindola, que no es una driza extra (spare halyard).

GEL TIME: tiempo que tarda una resina en comenzar a solidificar, luego de agregado el catalizador.

GENAMAKER/GENNAKER: cruza de spinnaker y genoa.

GHOSTING: hacer buen camino con poco viento.

GILGUY: tomador que afirma las drizas a los obenques impidiendo que resuenen contra el mástil.

GIMBALS: suspensión cardánica.

GO ABOUT, to: barloventear, hacer piernas a barlovento.

GO ADRIFT, to: empopar.

GOOSENECK: gansera.

GOOSEWINGED: a orejas de burro.

GOOSEWINGED SAIL: mayor enganchada en la cruceta al trasluchar, que sólo se remedia virando nuevamente.

GRAIN: Veta de la madera.

GRAPNEL: grampín o rezón.

GRATING: grilla; palmejar o enjaretado.

GRIPE, to: barco con excesivo timón a barlovento, que tiende a enfachar.

GROMMET: anillo de cabo.

GROOVED SPAR: percha o palo con corredera para deslizar una relinga.

GROUND TACKLE: fondeo; ancla y cabo o cable.

GUARDLINE (lifeline): guardamancebo.

GUARD RAIL: pasa mano.

G

GUNWALE: tapa de regala.
GUSTING: arrachado.

GUY: braza.
GYPSY: corona de barbotín.

H   HOTEL

HALF BEAM: medio bao.

HALF HITCH: nudo marinero (cote).

HALF TIDE ROCK: escollo que vela a media marea.

HALYARD: driza.

HAMBROLINE: rabiza de tres cordones.

HAND BEARING COMPASS: pínula.

HANDLE (Winch handle): manija (Manija de guinche).

HANDY-BILLY: aparejo de quita y pon para tesar cabos.

HANG OFF, to: abozar un cabo mientras se lo maniobra o afirma.

HANK: garrucho.

HARBOUR FACILITIES: instalaciones portuarias.

HARD: rampa natural o artificial en la playa.

HARD DOWN: posición extrema de la caña, a la arribada.

HARDTACK: galleta marinera.

HARD UP: posición extrema de la caña, a la orzada.

HARDWARE (Deck hardware): genéricamente los accesorios de cubierta tales como cornamusas, frailes, mordazas, etc.

HARNESS (Safety belt, safety harness): arnés de seguridad.

HASP: herraje para pasador o candado.

HATCH: escotilla.

HAUL, to: halar, cobrar.

HAWSEPIPE (Anchor chock): escobén.

HEAD: puño de driza.

HEADS: inodoro.

HEADBOARD: pieza perforada de aluminio que agranda el puño de driza.

HEADROOM: puntal.

HEAD SAIL: vela de proa.

HEAD STAY: estay de proa.

HEADWAY: avance del barco a través de las aguas.

HEAD WIND: viento de proa que obliga a bordejear.

HEART: alma de un cabo o cable.

HEATHER: negada.

HEAVE, to (Lie, to): ponerse al pairo.

H

HEAVING LINE: guía.

HEEL : (1) extremo popel de la quilla; (2) Extremo interno inferior de una percha.

HEEL, to: escorar.

HEELING ERROR: error de escora del compás magnético.

HELM: caña del timón.

HEXARATCHET: motón con giro libre en un sentido y freno en el contrario.

HINGE: bisagra.

HOIST: medida vertical de una vela o bandera.

HOIST, to: izar.

HOLD, to: (1) clavar los remos para detener un bote; (2) hacer cabeza el ancla.

HOME COUNTRY: país de matrícula.

HOME PORT: puerto de matrícula.

HOOK: (1) gancho; **(Boat hook):** bichero; **(Pelican hook):** gancho disparador. (2) ancla; **(Sailing out of the hook):** zarpar a vela pura.

HOOPS: aros que rodean al mástil y se cosen a la relinga de una vela.

HORN: bocina.

HORSESHOE LIFE RING: salvavidas herradura, comunmente usado como guindola.

HOSE: manguera.

HOSE CLAMP: abrazadera.

HULL: casco.

I — INDIA

IMPELLER: rotor de una bomba.

INFLATABLE RAFT: balsa inflable o autoinflable.

IN IRONS: quedar al viento, fallar una virada.

INLET: caleta, entrada angosta en una costa.

INLET VALVE: válvula de admisión.

IN LINE STRAINER: filtro para manguera.

IN STAYS: quedar al viento, fallar una virada.

INTAKE STRAINER: filtro de entrada.

ITALIAN HEMP: cáñamo.

J — JULIETT

JACK: (1) sailor. (2) artificio mecánico para levantar pesos.

JACKSTAY: cabo que mantiene el gratil de una escandalosa cercano al mástil.

JACKYARD: cabo corto usado para extender el pie de una escandalosa.

JET: inyector, vaporizador (Fr. gicleur).

JIB: foque.

JIBE: virada por redondo, trasluchada.

JIBE, to: hacer piernas virando por redondo (Opuesto: tacking).

JIB HEADED RIG: aparejo bermuda.

JIG LINE: boza liviana para ajustar cabos temporariamente.

J

JINX: pájaro de mal agüero.

JOGGLE SHACKLE: grillete largo que permite amadrinar dos cadenas.

JUBILEE CLIP (Hose clamp): abrazadera.

JUMPER STAY: estay de martingala.

JUMPER STRUT: parante o cruceta de martingala.

JUNCTION BOX: caja de conexiones eléctricas.

JURY RIG: aparejo de fortuna.

K   KILO

KEDGE: anclote.

KEDGE, to: halarse hacia proa por medio de un ancla.

KEDGE WARP: orinque de un ancla pequeña.

KEEL: quilla.

KELP (Sea weed): algas.

KETCH: queche.

KEEP HER FULL: hacer portar una vela.

KICKING STRAP: vang.

KILLICK: ancla pequeña.

KINDLING: astillas para iniciar un fuego.

KING PLANK: traca central de la cubierta.

KITE HIGH OFF THE COURSE: salirse del rumbo hacia barlovento.

KNEE: escuadra de refuerzo en barcos de madera.

KNIFE (Rigging knife): navaja marinera.

KNOT: (1) nudo marinero; (2) nudo como medida de velocidad.

KNOTMETER: velocímetro (normalmente incorporado a la corredera).

L — LIMA

LACE, to: culebrear.

LADDER: escala.

LAND: superposición de las tracas en un casco a tingladillo.

LAND BREEZE: virazón.

LANYARD: rabiza. cabo corto.

LAPSTRAKE (Clinker built): tingladillo.

LARCH: alerce.

LASH, to: trincar.

LAY: sentido del colchado en un cabo retorcido.

LAY, to (Her course): hacer piernas para obtener el rumbo deseado.

LAY UP, to: desmantelar y amarrar un barco para pasar el invierno.

LAZY JACK: arreglo de cabos livianos entre botavara y mástil para ayudar la estiba de una mayor durante su arriado.

LEACH: baluma.

LEAD: escandallo.

LEAD BLOCK: patín del punto de escota.

LEADSMAN: sondador.

LEADING EDGE: (1) gratil (2) canto proel de la quilla.

LEADING MARKS (Range marks): enfilación de boyas o balizas.

LEE: (1) lua. (2) banda en que está la botavara durante la empopada.

LEEBOARD: quilla holandesa.

LEE BOW, to: usar la corriente de marea para ganar barlovento.

LEE CANVAS: violín de lona de una cucheta.

LEECH: baluma.

LEE HELM: timón a sotavento.

'LEE-O": Vira!

LEEWARD: sotavento.

LEEWAY: abatimiento.

LEG (A tack): rumbo o pierna entre dos marcas.

LIE AHULL, to: aguantar un temporal a palo seco.

LIFE JACKET (Life vest): chaleco salvavidas.

LIFEBOAT: bote salvavidas insumergible.

LIFELINE: cabo o cable salvavidas.

L

LIFELINE NET: red de la borda.

LIFT: prestada.

LIGHT: (Searchlight): proyector. **(Navigating/Running lights):** luces de navegación.

LIGHTHOUSE: faro.

LIGHT SHIP (Light vessel): buque faro.

LIGHTER: barcaza de alije.

LIGNUM VITAE: palo santo.

LINER: camisa de pistón.

LIPS: violines fijos de pequeño tamaño.

LOCK: esclusa.

LOG: corredera. **(Taffrail log:** corredera remolcada). **(Log line:** cordel de corredera). **(Stream the log:** largar la corredera).

LOG BOOK: libro o cuaderno de bitácora.

LONG IN THE JAW: cabo estirado y que ha perdido torsión.

LOOM: guión del remo.

LOSE WAY, to: perder arrancada.

LOUD HAILER: megáfono.

LOWER LIGHT: baliza anterior. (**Opposite: Upper light:** baliza posterior).

LUBBER LINE: línea de fe.

LUFF: (1) gratil. (2) apuntar.

LUFFING: flameo de las velas.

LUFF UP, to: orzar.

LUFF WIRE: relinga de envergue.

LUG SAIL: vela al tercio.

LUNCH HOOK: ancla pequeña o grampín.

M   MIKE

MAGNIFIER: lupa.
MAHOGANY: caoba.
MAINSAIL (Course): mayor.
MAIN STAY SAIL: estay de mayor.
MAIN TRYSAIL: mayor de tormenta.
MAKE FAST: afirmar.
MAKING: creciente de marea.
MARINE INSURANCE: seguro marítimo.
MARINE UNDERWRITER: agente de seguro; broker.
MARLINE: merlín.
MARLINESPIKE: punzón.
MAST BEND: curvatura del palo.
MAST BOOT: lona o goma que estanca la fogonadura.
MAST RAKE: inclinación del palo.
MAST STEP: carlinga.

MAST WEDGE: cuña de fogonadura.
MASTHEAD SHEAVE: cajera de tope.
METHYLATED SPIRIT: alcohol desnaturalizado.
MIKE: micrófono.
MILDEW: moho.
MISFIRE: rateo, falla de bujía.
MISS STAYS: errar una virada por avante.
MIZZEN (Crossjack): mesana.
MONKEY FIST: piña de guía.
MOOR, to: amarrar.
MOORING BLOCK: ancla pesada y de una sola uña.
MOORING LINE: amarra.
MORTISE (and tenon): carlinga (y mecha).
MOUNTING BRACKET: herraje para montar equipos.
MOUSE, to: hacer una llave en la boca de un gancho.

M

MKS

N   NOVEMBER

NAIL: clavo.

NAUTICAL SLIDE RULE: abaco calculador distancia/tiempo/velocidad.

NAVEL PIPE: gatera.

NAVIGATION AIDS: ayudas a la navegación.

NEAP (Neap tide): marea de cuadratura. (con mínima diferencia entre plea y baja).

NEAPED: barco que ha varado en una plea más alta que la siguiente, cuyo reflotamiento falla por esa causa.

NEEDLE: aguja.

NET: red.

NOON SIGHT: altura meridiana.

NORTH STAR: estrella Polar.

NUN: boya cónica de veril de canal.

O   OSCAR

OARS: remos.

OARLOCK: tolete.

OFFING: posición alejada de la costa.

OFF SOUNDINGS: en profundidades mayores de las cien brazas.

OFF THE WIND: poco ceñido.

OIL SKIN: traje de agua.

ONSET OF A GALE: comienzo de una tormenta.

ON THE PUTTY: varado.

ON THE WIND: muy ceñido, pinchado.

OPEN HAWSE: fondeado a barba de gato y con la maniobra clara.

OPEN UP, to: abrirse las costuras de un casco.

OUTHAUL: repique de escota.

OUTWARD LEG: viaje de ida.

OVERHANG: lanzamiento (de proa y popa).

O

OVERHAUL, to: (1) revisar cuidadosamente y reparar lo necesario; (2) extender los motones de un aparejo hasta su mayor longitud.

OVERLAP: superposición entre genoa y mayor.

P — PAPA

PAD EYE: cojinete.

PAINTER: boza del chinchorro.

PALM: rempujo.

PARALLEL RULE: regla paralela.

PARRELS (Parrel bol): bolilla perforada de madera.

PARTNER: piezas de fogonadura.

PAWL: linguete, pal.

PAY, to: terminar un calafateo con cola marina.

PAY OFF, to: arribar.

PELICAN HOOK: gancho disparador.

PELORUS: pínula.

PENDANT: boza.

PENNANT: gallardete.

PILE: pilote.

PINCH, to: navegar muy ceñido, pinchar.

PINTLE: macho de un herraje (VER socket).

PIPING: tuberías.

PITCH: paso de la hélice.

PITCH PINE: Pino.

PLATE: placa perforada en forma de trébol.

PLAY THE PERCENTAJE GAME, to: adoptar una posición conservadora y cercana a los demás competidores en una regata.

PLY: (1) colchar; (2) filástica.

POINT: habilidad para ceñir bien.

POLE (Spinnaker pole): tangón.

POOP, to: romper una ola sobre la popa.

POPLAR: Alamo.

PORT CHARGES: derechos portuarios.

PORTHOLES: ojos de buey.

PORTLIGHT: lumbrera lateral.

PORT TACK: navegar con amuras a babor.

PRIVILEGED VESSEL: barco con derecho de paso.

PROPELLER: hélice.

PROTRACTOR: talco con brazo giratorio.

PUMP: bomba.

PURCHASE: aparejo.

PUSHPIT (Stern pulpit): balcón.

Q   QUEBEC

QUADRANT: (1) sector por donde trabajan los guardines del timón; (2) instrumento náutico, antepasado del sextante.

QUARTER: amura.

QUARTER BERTH: conejera.

QUARTER BILL: rol de acción de la tripulación.

QUARTER BORD: en los barcos antiguos, tablazón que se eleva al nivel de las bordas para cerrar una zona de la cubierta.

QUARTER DECK: toldilla.

Q'BOAT (Mistery ship): buque de la primera guerra mundial, camuflado para cazar submarinos.

R ROMEO

RAFT: balsa.
RAIN SUIT: traje de agua.
RAKE: caída del palo.
RANGE: amplitud de la marea.
RATLINES: tabla de jarcia.
REACH: una pierna larga recibiendo el viento aproximadamente por el través.
READY ABOUT: listos a virar.
REEF, to: tomar rizos.
REEF EYE: ollao para matafiones.
REEFKNOT: nudo marinero (de matafiones- llano).
REEF POINTS: matafiones.
RESCUE: rescate.
RHUMB LINE: loxodromia.
RIDING LIGHT: luz de buque fondeado.
RIGGING: jarcia, aparejo.
RIGGING KNIFE: navaja marinera.
RIGHT OF WAY: derecho de paso.
ROACH: alunamiento de la baluma.
ROLLER REEF, to: rizar arrollando la vela en la botavara.
ROLLING HITCH: nudo marinero (genéricamente los usados sobre una percha).
ROPE: cabo.
ROT: pudrición.
RUDDER: timón.
RUN, to: empopar.
RUN BEFORE IT, to: correr un temporal en popa.
RUNNING BACK STAY: burda volante alta.
RUNNING LIGHTS: luces de navegación.
RUNNING RIGGING: jarcia de labor.
RUST: óxido.

S — SIERRA

SAFETY BELT (Safety harness): cinturón de seguridad.

SAG: comba.

SAIL: vela.

SAIL CLOTH: tela para velas.

SAILORS PALM: rempujo.

SAILING OUT THE HOOK: zarpar a la vela.

SAIL SLIDES: garruchos o patines.

SAIL TRACK: riel para engarruchar.

SAMSON POST: fraile.

SCOPE: largo del cable o cadena del ancla.

SCREW: (1) tornillo; (2) hélice.

SCREW IN AIRLEADS: hembras empotradas para atornillar accesorios.

SCREW IN EYE: cáncamo con perno.

SCUPPERS: imbornales.

SEA COCK: grifo de cierre usado como válvula de mar.

SEAM: (1) costura de una vela; (2) espacio entre dos tracas.

SEAWORTHY: amarinerado.

SET, to: izar las velas.

SHACKLE: grillete.

SHANK: caña del ancla.

SHEAVE: polea.

SHEEP SHANK: nudo marinero (margarita).

SHEER: arrufo.

SHEER, to: campanear el buque estando el ancla.

SHEET: escota.

SHEET BEND: nudo marinero (vuelta de escota).

SHELL: quijada de un motón o cuadernal.

SHOCK CORD: cordón elástico.

SHORE: (1) costa; (2) puntal usado en el varadero.

SHORE LEAVE: autorización a la tripulación para bajar a tierra.

SHORE LINE: línea de costa; borde del agua.

SHORT SAIL, to: achicar paño.

SHROUD: obenque.

SHROUD GLOVE: cubre tensor.

S

SIDE PORT: portalón en cubiertas inferiores.

SIGNAL: señal.

SIGN OFF, to: (1) dejar de pertenecer a la tripulación. (2) cesar la transmisión de radio.

SIGN ON, to: enrolarse en la dotación.

SINGLE BOW KNOT: nudo marinero (llano con doble escape).

SINK: pileta.

SINK, to: hundirse; naufragar.

SKENE CHOCK: portaespía abierto en diagonal.

SKYLIGHT: lumbrera.

SLAB REEF, to: rizar con amantes.

SLACK WATER: estoa.

SLIDE: garrucho.

SLIPPED REEF KNOT: nudo de matafiones; llano con escape.

SLOP TANK: tanque de residuos no arrojables al mar.

SLOTTED SPAR: (grooved spar) percha o palo con corredera para deslizar una relinga.

SNACK SHACKLE: gancho disparador.

SNAP: gancho con cierre a resorte.

SNATCH BLOCK: pasteca.

SNUGGED DOWN: rizado hasta hacer confortable la navegación.

SOCKET: hembra (herraje- ver pintle).

SOFT EYE: gaza.

SOU'WESTERN: sueste; sombrero de agua.

SPANKER: cangreja, en aparejos cruzados.

SPANKER BOOM: botavara de la cangreja (en aparejos cruzados).

SPANKER GAFF: pico.

SPIGOT: grifo.

SPITFIRE JIB (Storm jib): tormentín.

SPLICE, to: coser cabos entrelazando los cordones.

SPLIT TACKS: rumbos divergentes entre barcos que ciñen.

SPRIT SAIL: vela tarquina.

SPONSOR: persona o institución que sostiene financieramente una embarcación.

SPRAY: espuma.

SPREADER: (crosstree) cruceta.

SPRING: amarra que saliendo de proa a popa toma dirección hacia el centro.

SPRING TIDE: marea de sicigia.

SPRUCE: Abeto.

S

SQUALL: chubasco.

SQUARE RIGG: aparejo cruzado.

SSB RADIO: banda lateral única.

STAFF: asta.

STANCHION: candelero.

STANDING GAFF: pico que no se arría con la cangreja.

STANDING RIGGING: jarcia fija.

STARBOARD TACK: amuras a estibor.

STAY, to: virar por avante.

STEERAGEWAY: arrancada suficiente para obedecer al timón.

STERNPOST: codaste.

STERN PULPIT: balcón.

STIFF: barco duro de escorar.

STOCK: cepo del ancla.

STOPPER: mordaza.

STOPPER KNOT: nudo lasca.

STORM: tormenta.

STORM SHUTTERS: tapas acorazadas de los ojos de buey.

STORM TRYSAIL: triángulo plano que reemplaza a la mayor durante las tormentas.

STOWAGE: estiba.

STRAKE: traca del casco.

STRAND: cordón de un cabo.

STRETCHER: peana.

STROKE: remada.

STUD LINK CHAIN: cadena con contretes.

SUMP TANK: pozo de recolección.

SURVEYOR: inspector- perito.

SWASHWAY: canal entre bajíos.

SWEEP, to: pasar rastra por el fondo.

SWELL: marejada sin rompiente.

SWING, to: (1) caer a los diversos rumbos al compensar el compás; (2) virar el buque al ancla al cambiar la marea.

SWIVEL: giratorio.

T   TANGO

TACK (Port tack - Starbord tack): pierna en ceñida (amurado a babor - amurado a estribor).

TACK HOOK: puño de amura.

TACKLE: aparejo (motones o cuadernales y guarnes).

TACK TACKLE: repique de gratil.

TAFFRAIL: (1) coronamiento; (2) pasamanos de la borda.

TAFFRAIL LOG: corredera remolcada.

TAKEN ABACK: tomar el viento por la lua.

TAKE CHARGE, to: quedar fuera de control un cable u otro objeto inanimado como consecuencia del movimiento del barco.

TAKE OFF, to: bajar la marea.

TAKE UP, to: (1) ajustar o tesar un nudo o cabo; (2) comprar o adquirir aprovisionamientos.

TALLOW: sebo.

TAPE: cinta (chafe tape: cinta protectora; mending tape: cinta para reparar orificios y rifaduras).

TARPAULING: lona; toldo.

TEAK: teca.

TELLTALE: cataviento de obenque.

TENDER: (1) chinchorro en un yate; (2) barco tierno.

TIDE HARBOUR: puerto con acceso restringido por marea.

TILLER: caña de timón.

THIMBLE: guardacabo.

THOLE: tolete.

THWART: bancada.

TOGGLE: cazonete.

TOGGLE JOINT: unión universal.

TOP, to: (top up, to) izar la botavara por sobre su posición de trabajo.

TOPMAST: espiga del mástil.

TOP OFF, to: completar la capacidad de tanques o bodegas.

TOPPING LIFT: amantillo.

T

TOPSIDES: costados.

TRACK: riel.

TRADE WIND BELT: zona de los vientos alisios.

TRANSDUCER: transductor de la sonda.

TRAVERSE, to: navegar; recorrer.

TRAVERSE TABLES: tablas de estima.

TRIANGLES: escuadras.

TRIM, to: ajustar las velas para su mejor rendimiento.

TRIM TAB: pequeña aleta ajustable en el borde de fuga del timón o quilla.

TROUGH: seno de la ola.

TRUCK: galleta de un palo, dotada de poleas para las ságulas.

TRYSAIL: vela de capa triangular plana que reemplaza a la mayor.

TURNBUCKLE: tensor.

TURNING BLOCK: retorno.

TURN UP, to: tomar vueltas en una cornamusa o cabilla.

TWINE: piolín; cabito.

U · UNIFORM

ULTIMATE STORM: temporal muy fuerte.

UNBEND, to: remover las velas de los palos o estayes.

UNDER BARE POLES: navegar a palo seco.

UNDERLYING PAD: refuerzo bajo cubierta.

UNDERWAY: moverse un barco sobre la tierra o desplazarse por el agua.

UNMOOR: desamarrar; levar ancla.

UNREEVE, to: despasar el cabo de un motón o aparejo.

UNSHIP, to: quitar algo de su correcta posición de trabajo.

UP AND DOWN: quedar a la pendura.

UPPER LIGHT: baliza posterior. (**Opposite: Lower light:** baliza anterior).

UP HELM, to: meter la caña para arribar.

V — VICTOR

VANE SELF STEERING GEAR: timón de viento.
VANG: (boom vang) vang.
VARIATION: declinación magnética.

VEER: virar el viento en el sentido de las agujas del reloj (en el hemisferio norte).
VENTILATOR: respiradero.

W — WHISKY

WAKE: estela.
WARP: espía o estacha.
WARP, to: espiar un barco.
WATCH CAPTAIN: encargado de una guardia de cubierta.
WAY: arrancada.
WEAR, to: trasluchar.
WEATHER, to: capacidad de un barco de pasar a barlovento de un objeto sin bordejear.
WEATHERLY: barco muy ceñido.
WEATHER HELM: tendencia a la orza.
WEATHER SIDE: barlovento.

WEIGH, to: izar el ancla; zarpar.
WHEEL: rueda de cabillas.
WHIP: tecle.
WHIP, to: falcasear.
WINDAJE: presión del viento.
WINDLASS: cabrestante.
WIND SCOOP: manguera de ventilación.
WINDWARD: a barlovento.
WORKING ANCHOR: (bower) ancla de servicio.
WORKING JIB: foque.
WORM, to: entrañar un cabo.
WRISTLETS: muñequeras.

X — XRAY

XEBEC: jabeque.

Y — YANKEE

YARD: verga.
YARN: filástica.

YAW, to: apartarse a uno y otro lado del rumbo por defecto de timonel.

Z — ZULU

ZEPHIR: viento del oeste.

ZERO: ajustar un instrumento; calibrar.

APÉNDICE NÚMERO UNO

TEMA: MAREAS   TEMATICO A01

ACTUAL CLEARANCE: Luz hasta una estructura en el momento del cálculo.
CHARTED CLEARANCE: Luz hasta una estructura medida desde la media de las pleamares.
CHARTED DEPTH: Profundidad del lugar medida desde la media de las bajamares.
DATUM (REFERENCE PLANE): Plano de referencia
DEPTH OF WATER: Distancia total desde la superficie al fondo.
DIURNAL TIDE: Marea diurna (Una plea y una baja cada veinticuatro horas).
EBB: Marea bajante.
EBB STREAM: Corriente de bajante.
FAIR TIDE: Corriente favorable.
FIRST QUARTER: Cuarto creciente.
FLOOD: Marea creciente.
FLOOD STREAM: Corriente de creciente.
FOUL TIDE: Corriente contraria.
FULL MOON: Luna llena.
HEIGHT OF TIDE: Altura de la marea
HIGH TIDE (HIGH WATER): nivel máximo de la marea.
LOWER LOW WATER: Máxima de las bajamares.
MEAN HIGH WATER: media de las pleamares.
MEAN LOWER LOW WATER: (Usually reference datum) Media de las máximas bajamares.

MEAN LOW WATER: Media de las bajamares.
MEAN SEA LEVEL: nivel promedio del mar abierto
MIXED TIDE: Marea de desigualdades diurnas (Una plea y una baja pronunciadas seguidas de una plea y una baja sensiblemente menores).
NEAP TIDE: Marea de cuadratura.
NEW MOON: Luna nueva.
REFERENCE STATIONS: Puerto patrón.
SEMIDIURNAL TIDE: Marea semidiurna (Dos pleas y dos bajas cada veinticuatro horas).
SET: Dirección.
SLACK (SLACK WATER): Momento de calma en que la corriente cambia de dirección.
SPRING TIDE: Marea de sicigias.
STAND: Estoa.
SUBORDINATE STATION: Puerto secundario.
THIRD QUARTER: Cuarto menguante.
TIDAL RANGE: Amplitud de la marea.
TIDE TABLE: Tabla de mareas.
TIDEWATER AREAS: zonas sujetas a la influencia de las mareas.
VERTICAL CLEARANCE: Luz hasta una estructura (Puente, cable, etc.).
WANING MOON: Menguante.
WAXING MOON: Creciente.

APÉNDICE NÚMERO DOS

TEMA: CABUYERIA Y NUDOS

TEMATICO A02

BEND: Nudo para unir dos cabos separados.
BOWLINE: As de guia.
CARRICK BEND: Grupo de calabrote.
CLOVE HITCH: Ballestrinque.
DOUBLE SHEET BEND: Vuelta de escota doble.
EYE SPLICE: Gaza.
FIGURE EIGHT KNOT: Nudo lasca.
FISHERMAN'S BEND: Nudo de entalingar o vuelta de rezón.
FREE END: Chicote.
HALF HITCH: Media vuelta.
HITCH: Nudo que conecta el extremo de un cabo con cornamusas, boyas, etc.
KNOT: nudo como nombre genérico.
LINE: Cabo con función específica en la maniobra.
MARLINESPIKE: Punzón.

MARLINESPIKE SEAMANSHIP: Arte de usar los cabos.
OVERHAND KNOT: Cote.
PALM (SAILMAKER'S PALM): Rempujo.
PARCELING: Precintar.
RIGGING KNIFE: Navaja marinera.
ROPE: Cabo como material sin uso específico.
SEIZING: Dar una ligada.
SERVING: Aforrar.
SHEET BEND: Vuelta de escota.
SLIPPERY REEF KNOT: Llano con escape.
SPLICE: Costura de cabos o cables.
SQUARE KNOT: Nudo llano.
WHIPPING: Terminar un cabo con una ligada para que no se descolche.
WORMING: Entrañar.

APÉNDICE NÚMERO TRES

TEMA:
APAREJOS ANTIGUOS

TEMATICO A03

PARTE PRIMERA:
TIPOS DE BARCOS O APAREJOS

BAGGALA: Embarcación de dos palos con entenas, con desplazamiento del orden de las doscientas toneladas, empleada en el Océano Indico para fines comerciales.
BARK (Barca - Bricbarca): Aparejo con tres a seis mástiles, trinquete y mayor cruzados y mesanas con cangreja y escandalosa.
BARKENTINE (Bergantín goleta): Aparejo con tres a seis mástiles, trinquete cruzado, mayor y mesana con cangrejas y escandalosas; lleva estays entre trinquete y mayor.
BILANDER (Balandra): Aparejo con dos mástiles, trinquete cruzado y mayor con latina y cuadras
BRICKBARCA: corbeta o bergantín redondo.
BRIG: Aparejo con dos mástiles cruzados.
BRIGANTINE - (Bergantín): Aparejo con dos mástiles, el trinquete cruzado y el mayor con cangreja y algún juanete o sobrejuanete, lleva stays entre trinquete y mayor. Suele llamarse brigantine a un barco pirata ligero y veloz.
CARAVEL (Carabela): Barco de mar, pequeño, usado por españoles y portugueses cerca de 1400. Proa ancha, popa elevada y cubiertas en proa y popa. Aparejaba velas latinas y eventualmente cuadras.
COUGNAR: Embarcación con tres mástiles y velas cuadras, empleada por los malayos.
FELUCCA (Falucho): Embarcación con dos o tres mástiles guarnidos con velas latinas.
FRIGATE (Fragata): Aparejo con tres mástiles cruzados, foques y estay en proa, estays en mayor y mesana, cangreja en mesana.
GALLEON (Galeón): algo menor que el navío, de amplio uso por los españoles cerca del 1500. Llevaba dos o tres cubiertas en proa y tres o cuatro en popa. Bauprés con cebadera, mayor y trinquete cruzados y velas latinas en mesana y contramesana.
GALLEY (Galera): Barco bajo y plano, con uno o dos puentes para remeros; arbola dos o tres mástiles con velas latinas.
HERMAPHRODITE BRIG: Bergantín que no lleva cuadras en su palo mayor.
LUGGER (Lugre): Embarcación con dos mástiles y velas al tercio.
SCHOONER (Goleta): Aparejo con dos mástiles, foques en proa; cangrejas y escandalosas.
WHALE BOAT: ballenera, embarcación doble proa, de construcción ligera, generalmente a tingladillo, capaz de navegar a remo o vela. Llevaba un fraile en proa para el laboreo del cabo de arpón.
WHALER: barco ballenero, con frecuencia aparejado a bergantín.

APÉNDICE NÚMERO TRES

PARTE SEGUNDA: NOMENCLATURA

BILLET HEAD: Lanzamiento de la proa donde se afirma el mascarón.
BOBSTAY: Cable o cadena entre el bauprés y la roda.
BOW SPRIT: Bauprés.
CARRONADE (Carronada): Cañón corto de gran calibre.
CHAINS (Channels): Landas.
CONNING TOWER: Puente de mando.
CROSSJACK: Seca, redonda o mesana.
CROSS TREE: Verga.
CROWS NEST: Nido de cuervo.
DERRICK (**Cargo boom**): Pluma.
DRESS THE SHIP, to: Engalanar. De acuerdo a las tradiciones debe envergarse un gallardete cada dos banderas.
FANCY RAIL (Monkey rail): Borda de la proa, tallada y trabajada.
FLYING JIB: Petifoque.
FOOT ROPES: Marchapiés.
FORE AND AFTER: Aparejo sin cuadras, portando foques, cangrejas y escandalosas.
FORE COURSE (Foresail): Trinquete.
FORE ROYAL: Juanete de trinquete.
FORE SKYSAIL: Sobrejuanete de trinquete.
FORE TOPGALLANT: Sobrevelacho.
FORE TOPMAST JIB: Contrafoque.
FORE TOPSAIL: Velacho.
FRAME OF THE SHIP: Armazón del casco sin las planchas del forro y cubierta.
GALLOWS BITTS: Estructura resistente para armar perchas de repuesto o fortuna.

GASKETS: Tomadores (Para aferrar las velas).
HANK ON SAIL: vela con grilletes.
HAUL AWAY: Cobrar.
HOURGLASS: Clepsidra.
JIB: Foque.
JIB BOOM: Botalón del bauprés.
INNER JIB (Middle jib): Fofoque.
LOOSEN SAIL: Desfaldar las velas.
LOWER AWAY: Arriar.
LOWER MAIN TOPGALLANT: Juanete bajo de mayor.
LOWER MAIN TOPSAIL: Gavia.
LOWER MIZZEN TOPGALLANT: Perico bajo.
LOWER MIZZEN TOPSAIL: Sobremesana baja.
MAIN ROYAL: Sobrejuanete de mayor.
LOWER STUDDING SAIL (**Stunsail**): Rastrera.
LUCKY SHARK FIN: Adorno en forma de aleta de tiburón colocado en el extremo del bauprés.
MAIN ROYAL STAYSAIL: Estay de sobrejuanete de mayor.
MAIN SAIL (Course): Mayor.
MAIN SKYSAIL: Sosobre.
MAIN TOPGALLANT STAYSAIL: Estay de juanete de mayor.
MAIN TOPMAST STAYSAIL: Estay de gavia.
MARTINGALE (Dolphin striker): Moco.
MARTINGALE STAY: Barbiquejo. (Martingala que impide la deformación hacia arriba del botalón del bauprés).
MAST: Macho del palo.

APÉNDICE NÚMERO TRES

MIZZEN ROYAL: Sobreperico.
MIZZEN TOPGALLANT STAYSAIL: Estay de perico.
MIZZEN TOPMAST STAYSAIL: Estay de sobremesana.
MOON SAIL: Cuadra largada por encima del sosobre de mayor.
OUT RIGGER: Batanga.
POLE: Mastelerillo.
SET SAIL (HOIST): Izar las velas.
SHIP'S FIGUREHEAD: Mascarón.
SHORTEN SAIL: Reducir el paño.
SIGNAL GAFF: Pico donde se larga el pabellón.
SPANKER (DRIVER): Cangreja en los aparejos cruzados.
SPANKER BOOM: Botavara de cangreja en los aparejos cruzados.
SPANKER GAFF: Pico de cangreja en los aparejos cruzados.

STRIKE SAIL: Arriar en banda una vela (Se emplea como emergencia ante una racha o cuando se rinde honores, en cuyo caso se arría parcialmente la cangreja y se iza de inmediato).
SQUARE RIGGED: Aparejo cruzado.
STUDDING SAIL (Triangular studding sail): Ala. (Ala que se larga por fuera de los juanetes y sobre).
SWINGING BOOM: Tangón.
TAKE IN SAIL: Arriar el velamen.
TOP MAST: Mastelero.
UPPER MAIN TOPSAIL: Sobregavia.
UPPER MAIN TOPGALLANT: Juanete alto de mayor.
UPPER MIZZEN TOPGALLANT: Perico bajo.
UPPER MIZZEN TOPSAIL: Sobremesana alta.

APÉNDICE NÚMERO CUATRO

TEMA: METEOROLOGIA — **TEMATICO A04**

ANVIL TOP: Yunque de un cumulunimbus.

BACK: Virar el viento en sentido contrario a las agujas del reloj (En el hemisferio Norte).

BAROMETER RULES: Interpretación del tiempo basada en consecutivas lecturas del barómetro.

BEAUFORT SCALE: Escala Beaufort.

CIRCULATION PATTERNS: Modelo de la circulación en la atmósfera. Consultar gráfico global de circulación.

CLOUDS: Nubes según sus nombres latinos (Cirrus, Cirrostratus, Cirrocumulus, Altostratus. Altocumulus, Stratus, Stratocumulus, Nimbostratus, Cumulus, Cumulunimbus)

CLUOD PATTERN: aspecto de las nubes.

CORIOLIS (Force/Acceleration): Deflexión del viento causada por la rotación de la tierra.

CURRENT WEATHER: Tiempo presente.

DEW POINT (Temperature): Punto de rocío. (Temperatura del punto de rocío).

FOG: Niebla. (RADIATION FOG: niebla de radiación. ADVECTION FOG (COASTAL FOG): niebla de advección. STEAM FOG (SEA SMOKE): humo de mar. PRECIPITATION FOG: nieblas por evaporación).

EXTRA TROPICAL CYCLONE: Tormenta provocada por el choque de aire húmedo tropical con una masa de aire frío. Centro de baja con sus frentes asociados.

FORECAST: Pronóstico

FORECAST MAP: Mapa de predicción del tiempo.

FRONT (COLD / WARM): Frente (Frío / Caliente).

FOUL WEATHER: Mal tiempo.

GALE: Viento de fuerza 8 (Beaufort), equivalente a 34/40 nudos.

GEOSTROPHIC GRAPH: Abaco para determinar la velocidad de viento por separación de las isobaras y la latitud.

HAIL: granizo.

HAZE: Bruma.

HIGH: Anticiclón. Centro de alta presión.

HURRICANE (TROPICAL CYCLONE): Viento de fuerza 12 (Beaufort), equivalente a 64 nudos.

ISOBAR: Isobara. Línea de igual presión (a intervalo de 4 mb.).

LAND BREEZES: Brisa de tierra (Virazón)

LEADER: Dícese del pequeño relámpago que provoca la ruptura en una tormente eléctrica.

LIGHTNING: Relámpago.

LOCAL WEATHER SIGNS: Indicios meteorológicos locales.

LOW: Centro de baja presión.

NEAR GALE: Viento de fuerza 7 (Beaufort), equivalente a 28/33 nudos.

OCCLUDED FRONT: Frente acluído.

OCEAN SWELLS: mar de fondo.

RADIOFACSIMILE WEATHER MAP: Mapas recibidos por radio de media y alta frecuencia graficados por un receptor facsimil o printer para SSB.

APÉNDICE NÚMERO CUATRO

RAIN: Lluvia.

RELATIVE HUMIDITY: Humedad relativa.

RIPPLES: Pequeñas olas u ondulaciones de la superficie (Normalmente anuncio de viento).

ROLL CLOUD: Cigarro o nube rotativa.

SEA BREEZES: Brisa de mar (Virazón).

SLEET: Aguanieve.

SMALL CRAFT ADVISORY / GALE WARNING / STORM WARNING / HURRICANE WARNING Sistema usado en EEUU para informar inminencia de fenómeno meteorológico peligroso, por medio de esas cuatro categorías crecientes ordenadas por fuerza del viento.

SNOW: Nieve.

SQUALL LINE: Línea de tormenta, usualmente ubicada en un frente frío.

STATIONARY FRONT: Frente estacionario.

SLING PSICHROMETER: Psicrómetro de Fronda. (Bola seca y bola húmeda).

STORM: Viento de fuerza 10 (Beaufort), equivalente a 48/55 nudos.

STRONG GALE: Viento de fuerza 9 (Beaufort), equivqlente a 41/47 nudos.

THUNDER: Trueno.

THUNDERSTORM: Tormenta breve, vinculada directamente a un cumulunimbus.

TORNADO: Remolino con fuerte coriente ascendente, generalmente sobre tierra.

TYPHOON: Nombre que se da a un ciclón tropical en el Pacífico. (Ver huracán).

VEER: Virar el viento en el sentido de las agujas del reloj (En el Hemisferio Norte).

VIOLENT STORM: Viento de fuerza 11 (Beaufort), equivalente a 56/63 nudos.

WATERSPOUT: Tromba marina.

WEATHER: Meteorología

WEATHER CONDITION: Estado del tiempo.

WEATHER FORECAST: Pronóstico meteorológico.

WEATHER MAP: Mapa de las condiciones meteorológicas en determinado momento. La sucesión de mapas permite apreciar la evolucion del tiempo.

WEATHER WARNINGS: Avisos de temporal.

WILLIWAW: Ráfaga o tormenta de viento, sorpresiva y violenta.

WIND SHIFT: Salto del viento.

Impreso por Edivern S.R.L. - Salguero 3056, 6º A, Capital Federal
en Agosto de 1997.